冊 問題

大学入試

全レベル問題集
漢 文

3 私大・国公立大レベル

Obunsha

目次

1

『近古史談《きんこしだん》』

立命館大学

本冊（解答・解説）
p.12

◆次の文章を読んで、問いに答えよ（設問の都合上、訓点を省略した部分がある）。（配点20）

国家《ニ》有《リテ》レ禁、殺《ス》レ鶴《ヲ》者《ハ》刑《ス》。蓋《シ》重《ンズレバ》二仙禽《ヲ》一也。水戸《ノ》黄門義公《ノ》時、有《リテ》三人《ノ》銃《スル》二鶴《ヲ》於禁猟所《ニ》一、県吏捕《ヘテ》以《テ》献《ズ》焉。公怒《リテ》下《スモ》二之《ヲ》獄《ニ》一、久《シクシテ》而不レ問《ハ》、歳亦《タ》云《ここニ》暮《ル》。明年《ノ》春正月、公招二-致《シ》封内《ノ》八巨刹《さつノ》住僧《ヲ》一、自《ラ》饋《き》二-享《きやうスルハ》之《ヲ》一、例也。禅話之次、及《ブ》二殺生《ノ》事《ニ》一。公因《リテ》謂《ヒテ》二僧徒《ニ》一曰《ハク》、「日《さきニ》有《リ》二犯《シテ》レ禁《ヲ》殺《ス》レ鶴《ヲ》者一。

寡人嘗《こころミニ》学《ビナガラニ》断《ゼントス》二此《ノ》獄《ヲ》一。僧等観《ヨト》焉」。乃《チ》引《キ》三出《ダシ》囚人《ヲ》於庭《ニ》一、縛《リ》二之《ヲ》松樹《ニ》一、大声《モテ》喝《シテ》曰《ハク》、「汝犯《ス》二国家《ノ》大禁《ヲ》一。其《ノ》罪不《ト》レ可《カラ》レ赦《ゆるス》」。抜《キ》レ刀《ヲ》擬《シ》レ之《ニ》、而《レドモ》①故《ことさらニ》躊躇《ス》。八僧観《テ》レ之《ヲ》、瞠《だう》若《じやくトシテ》不レ出《ダサ》二一語《ヲモ》一。公於《イテ》レ是《ニ》投《ゲ》レ刀《ヲ》罵《リテ》曰《ハク》、「咄《とつ》、鈍僧《ノ》輩《やから》。我②豈以《テ》レ人《ヲ》替《フル》レ禽《ニ》者《ナランや》乎。特《ニ》法律《ヲ》之《レ》不レ可《カラ》レ曲《グ》。③欲待沙門一哀以宥之。今乃《チ》八僧駢《ならべ》レ首《ヲ》、呆然《トシテ》視《テ》二其《ノ》危《キヲ》一、而④莫二之《ヲ》救《フ》一。慈悲之道、[A]在《リ》哉《や》。夫《レ》僧《ニシテ》而無《クンバ》二慈悲之心一、亦《タ》[A]用《ヒン》二浮屠《ヲ》一哉《ト》」。命《ジテ》尽《ク》逐《ヒテ》二八僧《ヲ》一、而宥《ゆるス》二殺《ス》レ鶴《ヲ》者《ヲ》一。

（『近古史談』による）

注

水戸黄門義公——人名。江戸時代の第二代水戸藩主の徳川光圀《みつくに》。
巨刹——大寺院。
餽享——食べ物をすすめてもてなす。
寡人——諸侯の自称。ここでは水戸黄門を指す。
嘗学断此獄——試みにこの案件に判決を下してみようという意。
擬——斬ろうとする。
瞠若——目を見張る様子。
咄——叱りつける時の発声。
沙門——僧侶。
浮屠——仏教。

問1　傍線①に「故躊躇」とあるが、水戸黄門がそのような態度をとった理由として、最も適当なものを、次のなかから選べ。

1　殺生を戒める仏のことばを八僧から教わったことを思い出したから
2　八僧が国家の禁令よりも慈悲心を重んじるか試したかったから
3　八僧が処刑される鶴殺しを憐れんでいるのに気づいたから
4　鶴殺しの家族のことを思いやって慈悲心を起こしたから
5　国家の禁令を守るべきか仏の教えに従うべきか迷ったから
6　国家の禁令を守って鶴殺しの命を奪うことに疑問を感じたから

□

問2　傍線②の「豈」、④の「莫」の読み方を、送りがなも含めて、それぞれひらがなで書け。

②

④

問3　傍線③の「欲待沙門一哀以宥之」の書き下し文として、最も適当なものを、次のなかから選べ。

1　沙門を待たんと欲するも一哀して以て之を宥《ゆる》す
2　沙門を待たんと欲し一哀して以て之を宥す
3　沙門の一哀を待ちて以て之を宥さんと欲す
4　沙門の一哀を待たんと欲して以て之を宥す
5　沙門に待つは一哀して以て之を宥さんと欲すればなり
6　沙門に待たんと欲するは一哀するに之を宥すを以てなり

問４　A に入る語として、最も適当なものを、次のなかから選べ。

1　若
2　盍
3　安
4　猶
5　復

□

2

『王陽明全集《おうようめいぜんしゅう》』

立教大学

本冊（解答・解説）p.18

◆左の文章は、明代の思想家・政治家である王陽明の伝記を門人がまとめた書物の一部であり、王陽明が五十三歳のとき、斬新な教説を唱えて多くの門人を集めたころのことを記している。王陽明は文中で「先生」と呼ばれている。これを読んで後の設問に答えよ。ただし、設問の関係で返り点、送り仮名を省いたところがある。（配点30）

海《かい》(注1)寧《ねい》ノ董《とう》(注2)澐《うん》、号ス二蘿《ら》石《せき》ト一。以テレ能クスルヲレ詩ヲ(1)聞コユ二於江湖ニ一。年六十八、来《きた》リテ遊ビ二会《くわい》(注3)稽《けい》ニ一、聞キ二先生ノ講学スルヲ一、以テレ杖ヲ肩《かつ》イデ二其ノ瓢《へう》(注4)笠《りふ》詩巻ヲ一来訪シ、入リレ門ニ長《ちやう》(注5)揖《いふ》シテ上坐ス。先生異トシテ二其ノ気貌ヲ一、(2)礼二‐敬シ之ヲ一、与レ之語ルコト連日夜ナリ。澐有リレ悟ル。因リテ二何《か》(注6)秦《しん》ニ一強ヒテ納《い》ルレ拝ヲ。先生与レ之徜《しやう》(注8)二‐

徉《やウス》山水《ノ》間《ヲ》一。澐日〻有《リ》レ聞、忻《きん》《クコト》(注9)然《ぜん》《トシテ》楽《シンデ》而忘《ルル》レ帰《ルヲ》也《なり》。其《ノ》郷《ノ》子弟社(注10)友皆《ナ》(3)招《レ》之反。且《ツ》曰《ハク》、「翁老《イタリ》矣。何《ゾ》乃《チ》自《みづから》《ラ》苦《シムコト》若《キト》レ是《クノ》。」澐曰《ハク》、「吾方《まさニ》幸《さいはヒニ》逃《レ》二於苦海《ヲ》一、憫《あはレム》二若《なんぢ》之自《ラ》苦《シムヲ》一也《や》、顧《かへツテ》以《テ》レ吾《ヲ》為《サン》レ苦《シムト》耶《や》。吾方《ニ》揚《ゲテ》二鬐《きヲ》(注11)於渤《ぼつ》(注12)澥《かいニ》一而振《ハントス》二羽《ヲ》於雲《うん》(注13)霄《せう》之上《ニ》一。(4)安《ンゾ》能《ク》復《タ》投《ジテ》二網《まう》(注14)罟《ここ》一而入《ラン》二樊《はん》(注15)籠《ろうニ》一乎《や》。去《レ》矣、(5)吾将従吾之所好。」遂《ニ》自《ラ》号《シテ》曰《フ》二(6)従吾道(注16)人《ト》一。先生為《つくル》二之《ガ》記《ヲ》(注17)一。

(『王陽明全集』年譜による)

注

1　海寧——地名。現在の浙江省北部に位置する。
2　董澐——人名。
3　会稽——地名。現在の浙江省にあり、山の名としても知られる。
4　瓢笠——ヒョウタンのひしゃくとかぶりがさ。徒歩の旅に用いる。
5　長揖上坐——略式の敬礼をして上座にすわる。
6　何秦——人名。王陽明の門人。
7　納拝——入門の拝礼を行った。
8　徜徉——気ままに歩き回ること。
9　忻然——喜ぶさま。
10　社友——詩の結社の同人。
11　髻——せびれ。
12　渤澥——渤海のこと。
13　雲霄——大空。
14　網罟——あみ。
15　樊籠——鳥かご。
16　道人——道を求めて修行に励む人。
17　記——文体の一種で記念の文。ここでは号の意味を説き明かして称《たた》えたもの。

問(A) ――線部(1)の意味として最も適当なものを、次のうちから一つ選べ。

1 水郷地帯　2 世の中　3 出版業界　4 行商人仲間　5 自然界

問(B) ――線部(2)について。王陽明はなぜこのように接したのか。その理由として最も適当なものを、次のうちから一つ選べ。

1 董澐が海寧の地の有力者だと知り、友好的な関係を築きたかったから。
2 董澐という詩人に一度会ってみたいとかねてから思っていたから。
3 董澐が容貌とは裏腹に自分よりもはるかに年上であることに気づいたから。
4 董澐が漂わせる雰囲気や容貌からただならぬ人物であることを見て取ったから。
5 董澐が傲慢な雰囲気を帯びているので、深く関わらずにやり過ごそうとしたから。

問(C)　――線部(3)の解釈として最も適当なものを、次のうちから一つ選べ。

1　董澐に、返事をするように促した。
2　董澐を呼び出して反論しようとした。
3　董澐の敵対者を自分たちの盟主に迎えた。
4　董澐を正気に返らせようとした。
5　董澐を郷里に呼び戻そうとした。

問(D) ——線部(4)の解釈として最も適当なものを、次のうちから一つ選べ。

1 網の中に飛び込んだり鳥かごの中に入ったりするように、諸君の求めるままに喜んで帰郷したい。

2 網の中に飛び込みなおかつ鳥かごの中に入るように、あえて無理なことに挑戦したい。

3 網の中に飛び込みなおかつ鳥かごの中に入ることが無理なのと同様、帰るか留まるかは決められない。

4 網の中に飛び込むよりも鳥かごの中に入ることを選ぶのと同様、私はいつまでもここに留まりたい。

5 網の中に飛び込んだり鳥かごの中に入ったりするような状況に、もういちど身を置くことなどできない。

問(E)　——線部(5)の訓読を平仮名だけで記したものとして最も適当なものを、次のうちから一つ選べ。

1　われすべからくわれのところよりこのむべしと
2　われまさにわれのこのむところにしたがはんとすと
3　われすべからくわれのこのむところにしたがふべしと
4　われまさにわれにしたがひてこのむところにゆくべしと
5　われまさにわれのところよりこのまんとすと

□

問(F)　——線部(6)について。「従吾」に込められた内容として最も適当なものを、次のうちから一つ選べ。

1　自分がいちばん好きなものはやはり詩を作ることであったと思い直し、その道で一家をなせるように努力したいという抱負。

2　大自然に比べたら人間などちっぽけな存在であるから、せめて他の人からは尊敬されるなりして付き従われたいという欲求。

3　自分が一切の規範を超越した特別な存在であることを悟り、これからは世界のすべてを自分の意思に従わせようとする願望。

4　郷里から見放されて寄る辺がなくなった自分としては、大好きな王陽明先生についていくしかないという諦念。

5　束縛から解放された自分が心から望むことにこそ真実があると考え、それに従って生きていこうという決意。

3

『史記《しき》』

法政大学

本冊（解答・解説）
p.24

◆つぎの文章は、趙括の伝記である。前半はその父趙奢の存命中の話であり、後半は父の死後の話である。これを読んで、後の問いに答えよ（設問の都合で返り点・送り仮名を省いた箇所がある）。（配点30）

趙*括 a自二少《キ》時一、学《ビ》二兵法《ヲ》一言《フ》二兵事《ヲ》一。①以天下莫能当。

嘗《テ》与二其《ノ》父奢*言《フ》二兵事《ヲ》一。奢不レ能《ハ》レ難《ズルコト》。②然不謂善。括《ノ》母

問《フ》二奢《ニ》其《ノ》故《ヲ》一。奢曰《ク》、兵《ハ》、死地也。b而括《ハ》易《たやすク》言《フ》レ之《ヲ》。使《メバ》二趙《ヲシテ》不《ラ》レ

将《トセ》レ括《ヲ》即《チ》已《やム》。若《シ》必《ズ》将《トセバ》レ之《ヲ》、破《ル》二趙《ノ》軍《ヲ》一者《ハ》必《ズ》括《ナラント》也。

及括将X行、其《ノ》母上書《シテ》言《ヒテ》二於王《ニ》一曰《ク》、括《ハ》不《ト》レ可《カラ》レ使《ム》レ将《タラ》。

王曰《ク》、何《ガ》以《ゆゑゾト》。対《ヘテ》曰《ク》、始《メ》妾《せふ》事《つかフ》二其《ノ》父《ニ》一。時《ニ》為 Y 将、身《みづから》所《ノ》下奉《ジテ》二飯*飲《ヲ》一而進《ムル》上食《ヲ》者《ハ》以《テ》レ十《ヲ》数《ヘ》、所《ノ》レ友《トスル》者《ハ》以《テ》レ百《ヲ》数《フ》。大王及《ビ》*宗室《ノ》所《ノ》二賞賜《セル》一者《ハ》、尽 c 以《テ》予《あたフ》二軍吏士大夫《ニ》一。受《クル》レ命《ヲ》之日《ハ》、不レ問《ハ》二家事《ヲ》一。今括一旦為《リ》レ将《ト》*、東向《シテ》而朝《スルニ》、軍吏無《シ》下 Z 仰《ギ》二視《ル》之《ヲ》一者上。王《ノ》所《ノ》レ賜《フ》*金帛《ハ》、帰《リテ》蔵《シ》二於家《ニ》一、而《ウシテ》日《ニ》視《テ》*二便利《ノ》田宅《ノ》可《キ》レ買《フ》者《ヲ》一買《フ》レ之《ヲ》。③王以為何如其父。父子異《ニス》レ心《ヲ》。願《ハクハ》王勿《カレト》レ遣《やル》。

（『史記』より）

注

＊趙括――中国の戦国時代の趙の将軍。
＊奢――趙奢のこと。趙括の父。戦国時代の趙の将軍。
＊飯飲――食べ物と飲み物。
＊宗室――君主の一族。
＊東向而朝――上座について部下と対面する。
＊金帛――金と絹。
＊便利――手ごろな。

問一 波線部a「自」b「而」c「尽」の読み方を、送り仮名も含めてひらがなで記せ（解答は歴史的仮名遣いでも現代仮名遣いでもよい）。

a	b	c

問二　傍線部①「以天下莫能当」の解釈として最も適切なものをつぎの中から選べ。

ア　世の中では将軍への登用を待望しないものはなかった。

イ　天下に自分にかなうものはないと自負していた。

ウ　世の人々はその能力のあることを疑わなかった。

エ　天下をひきいて功績をあげないことはなかった。

オ　世の中には経験の足りないことを心配する人がいた。

□

問三　傍線部②「然 不 謂 善」とあるが、趙奢がそうした態度をとった理由として最も適切なものをつぎの中から選べ。

ア　趙括は攻撃することにばかり熱心で、防御を軽視しているから。
イ　趙括は父の趙奢とは異なる流派の兵法を学んでいたから。
ウ　簡単に褒めると趙括がおごりたかぶることが予想されたから。
エ　趙括が将軍となって戦地にゆくことを阻止したいから。
オ　趙括が戦を軽々しく捉えている点を危惧したから。

□

問四　二重傍線部X、Yの「将」について、文法的に同じ用い方をしているものをつぎの中からそれぞれ選べ。同じ記号をくり返し選んでもかまわない。

ア　自将三千人、為中軍（自ら三千人を将ゐて、中軍と為す）。

イ　遣将守関（将を遣はして関を守らしむ）。

ウ　唯将旧物表深情（唯だ旧物を将て深情を表はす）。

エ　人将死、其言也善（人の将に死せんとするや、其の言ふことや善し）。

オ　暫伴月将影（暫く月と影とを伴ふ）。

X
Y

問五　空欄［Z］に入る語として最も適切なものをつぎの中から選べ。

ア　再　　イ　漸　　ウ　敢　　エ　倶　　オ　嘗

［　］

問六　傍線部③の書き下し文は「王以て其の父に何如と為す」である。王に問いかけた母自身は、息子の趙括をその父趙奢と比べてどのような点をどう評価していたか、記せ。

［　］

4 『袁氏世範《えんしせいはん》』

早稲田大学

本冊（解答・解説）
p.34

◆次の文章を読んで、あとの問いに答えよ（返り点・送り仮名を省いた箇所がある）。（配点20）

同母之子《ニシテ》而長者《ハ》或《イハ》為《リ》二父母《ノ》所《ト》レ憎《ム》、幼者《ハ》或《イハ》為《ル》二父
母《ノ》所《ト》レ愛《スル》。此《ノ》理殆《ほとんド》不レ可《カラ》レ暁《ル》。竊《カニ》嘗《テ》細二思《スルニ》其《ノ》由《ヲ》一、蓋《シ》人生《レテ》
一二歳、挙動笑語、自《ラ》得二人《ノ》憐《ムヲ》一。雖他人［A］愛之、
況父母乎。纔《カニ》三四歳《ヨリ》至《ルニ》二五六歳《ニ》一、恣性啼号、多端
乖劣、或《イハ》損二動《シ》器用《ヲ》一、冒二犯《ス》危険《ヲ》一。凡《ソ》挙動言語皆人

之所悪、又多痴頑、不受訓戒。故雖父母亦深悪之。[1]方其長者可悪之時、正値幼者可愛之日。父母移其愛長者之心、而更愛幼者。其憎愛之心従此而分、遂成迤《い》邐《り》。最幼者当可悪之時、[2]下無可愛之者。父母愛無所移、遂《つ》終《ひ》愛之。其勢或如此。為人子者、当知父母愛之所在。長者宜少譲、幼者宜自抑《おさ》。為父母者、又須覚悟、稍《や》稍《や》回転。不可任意而行、使長者懐怨而幼者[3]縦欲、以致破家也。

（袁采『袁氏世範』による）

注
啼号——泣き叫ぶ。
多端乖劣——いろいろ言うことを聞かない。
器用——器物。
痴頑——愚鈍頑迷。
迤邐——折れ曲がりながら続いていく。
回転——心を入れかえる。

問一　空欄 A の中に入る最も適切な一字を次の中から選べ。

イ 猶　ロ 何　ハ 不　ニ 凡　ホ 使　ヘ 初

問二　傍線部1「方其長者可悪之時、正値幼者可愛之日。」の意味として最も適切なものを次の中から一つ選べ。

イ　年上でも憎まれる時があり、年下でも愛されるのに値する時がある。
ロ　年上が憎らしい時が、ちょうど年下がかわいい時にあたる。
ハ　年上の時は常に適切に憎悪に対処し、年下の時は日々適切に愛情に対応する。
ニ　年上の憎しみにきちんと対応できた時こそ、年下から愛されるのに値する。
ホ　年上が時に憎まれても平気でいられるのは、年下が日々慕ってくれるからである。
ヘ　年上が憎まれている理由を反省するのは、年下の無邪気さを見る時である。

□

問三　傍線部2「下無可愛之者。」とある理由として最も適切なものを次の中から一つ選べ。

イ　それより幼い者はいないから。
ロ　それより尊い者はいないから。
ハ　それより惜しまれる者はいないから。
ニ　それより憎たらしい者はいないから。
ホ　それより仲のよい者はいないから。
ヘ　それよりなついてくれる者はいないから。

□

問四　傍線部3「縦」とほぼ同じ意味になる語を次の中から一つ選べ。

イ　愛　　ロ　恣　　ハ　損　　ニ　訓　　ホ　抑　　ヘ　覚

本冊（解答・解説）
p.40

◆次に三つの詩文を掲げる。（甲）は蘇軾の詩、（乙）はその詩が踏まえる故事、（丙）は（甲）について解説したものである。これらを読んで、後の問に答えよ。なお、設問の関係上、返り点・送り仮名を省いた箇所がある。（配点30）

（甲）

老翁七十 1 自腰ニスレ鎌《かま》ヲ

慙《ざん》愧《き》ス春山筍《じゅん》蕨《けつ》ノ甜《あま》キヲ

2 豈是聞韶解忘味

爾《じ》来《らい》三月食無 [A]

（蘇軾「山村五絶」其三）

（乙）

子在《リテ》レ斉《ニ》聞《ク》レ韶《せうヲ》。三月不レ知《ラ》二肉《ノ》味《ヲ》一。曰《ク》[3]「不図為楽之至於斯也」。

（『論語』述而）

（丙）

意《おも》フニ山中之人、饑《き》貧ニシテ無レ食シ。雖ドモレ老ト猶ホ自採リテ二筍蕨ヲ一充ツレ饑《うゑ》ニ。時ニ塩法峻《しゅん》急《きふ》ナリ。僻《へき》遠《ゑん》之人無ク二塩食一、動《やや》モスレバ経二数月ヲ一。若キハ二古之聖人ノ一、則チ能ク聞キテレ韶ヲ忘レンレ味ヲ。山中ノ小人、4豈能食淡而楽乎。以テ譏《き》二諷《ふう》スル塩法ノ太《はなは》ダ急ナルヲ一也。

（朋九万『東坡烏台詩案』）

注

○慙愧 —— ありがたいと思う。
○甜 —— うまい。
○韶 —— 舜が作ったと言われるすぐれた音楽。
○解 ——「能」と同義。
○爾来 —— このごろ。
○塩法峻急 —— 当時、塩は政府専売品で高値であったうえ、密売の取り締まりが強化されていたことを指す。

問一　「自」が傍線部1と同じ意味で用いられているものを、次の中から一つ選べ。

a　山高無風松自響

b　雅志未成空自歎

c　自古佳人多命薄

d　陶潜自作五柳伝

問二　傍線部2はどのような意味か。もっとも適切なものを次の中から一つ選べ。

a　すばらしい音楽を聴いても、その音楽の味わいを忘れてしまっては意味がない。

b　すばらしい音楽を聴いて、その音楽の味わいを忘れることがあるだろうか、いやない。

c　すばらしい音楽を聴いて、ごちそうの味を忘れてしまったというわけではない。

d　すばらしい音楽を聴いても、ごちそうの味を忘れられようか、いや忘れることはない。

問三　空欄Aを埋めるのにもっとも適切な文字を、次の中から一つ選べ。

a　塩　　b　弦　　c　肉　　d　楽

問四　傍線部3に返り点を施したものとしてもっとも適切なものを、次の中から一つ選べ。

a　不レ図為レ楽之至二於斯一也
b　不レ図レ為レ楽之至於レ斯也
c　不レ図為楽三之至二於斯一也
d　不レ図下為二楽之至一於斯上也

問五　傍線部4はどのような意味か。もっとも適切なものを次の中から一つ選べ。

a　食べ物が不足しているのに楽しめようか、いや楽しめない。

b　味気ない物を食べていては、すぐれた音楽など生み出せない。

c　味のない食事で満足できようか、いや満足できない。

d　食事が十分に取れなくても、音楽を味わうことはできる。

□

問六　（甲）の詩の説明としてもっとも適切なものを、次の中から一つ選べ。

a　孔子のような聖人であれば、貧しい山村にも塩が行き渡るようにしてくれるはずだと詠み、為政者を風刺している。

b　孔子だったら韶でも聴いて我慢できようが、庶民には塩のない暮らしは耐えられないと詠み、政府を批判している。

c　韶を聴いて肉の味を忘れた孔子に対し、塩不足に不満を言う民衆を描き、朝廷の施策を理解しない彼らを批判している。

d　立派な人格者である孔子になぞらえて、山村の老人の貧しくとも心豊かな日常を描き、世の贅沢《ぜいたく》を風刺している。

□

問七　蘇軾は古文の名手として唐宋八大家の一人に数えられる。次のうち、唐宋八大家に含まれない人物を二人選べ。

a 韓愈　b 白居易　c 蘇洵　d 司馬光　e 曽鞏　f 王安石

□・□

6 「落歯《はおつ》」

南山大学

本冊（解答・解説）p.48

◆次に掲げるのは、唐の韓愈《かんゆ》の「歯落《はお》つ」と題する詩です。この詩を読んで、後の設問に答えなさい。ただし、設問との関連で返り点・送り仮名の一部を省略してあるので注意しなさい。（配点30）

落ツレ歯

去年落チ二一牙《が》一
今年落ツ二一歯一
俄然トシテ落チ二六七一
①落勢殊未已
余存皆ナ動揺スレバ
②尽落応始止
憶《おもフ》初メ落チシレ一ノ時
但ダ念《おもフ》二豁《くわつ》トシテ可シトレ恥ヅ

③及至落二三
始憂衰即死

④毎一将落時
懍《りん》懍《りん》恒《タルコトつねニ》在《リ》レ己《ニ》

叉《さ》牙《が》妨《ゲ》レ食《ラフヲ》レ物《ヲ》
顛《てん》倒《たう》怯《おそル》レ漱《くちすすグヲ》レ水《ニ》

終焉捨《テテ》レ我《ヲ》落《ツレバ》
意与《二》崩《ルル》山《一》比《たぐひス》

今来落⑤既熟
見《レバ》レ落《ツルヲ》空《シク》相似《タリ》

余存二十余《リ》
次第《ニ》知《ル》レ落《ツルヲ》矣

儻《もシ》常《ニ》歳《ゴトニ》落《ツレバ》レ **X**
自《ラ》足《ル》レ支《フルニ》二両紀《ヲ》一

如《シ》其《レ》落《チテ》併《セテ》空《シケレバ》
⑥与《レ》漸亦同《レ》指

人言《フ》歯之落《ツルヤ》
我言《フ》生《ニ》有《リ》レ涯《かぎリ》
人言《フ》歯之豁《ナルヤ》
我言《フ》荘周《ガ》云《ハク》
語訛《くわ》《ナレバ》默《スルコト》固《ヨリ》好《ク》
因《リテ》歌《ヒテ》遂《ニ》成《ス》レ詩《ヲ》

寿命理《トシテ》難《シト》レ恃《ミ》
長短倶《ニ》死《スル》爾《ト》
左右驚諦 Y
木《もく》雁《がん》各《おのおの》有《リト》レ喜《ブトコロ》
嚼《かムコト》廃《すた》《ルレバ》軟《ラカキモ》還美《ナリ》
持《ぢシテ》用《テ》詑《ほこラン》二妻子《ニ》一

注
○牙——歯。特に奥歯。
○余存——のこっているもの。
○豁——がらんとしたさま。
○懍懍——怖れおののくさま。

○叉牙――がたがたと不揃いなさま。
○顚倒――ぐらぐらしたさま。
○終焉――とうとう。
○空相似――いちいち気にとめなくなったことをいう。
○支――もちこたえる。
○紀――十二年。
○併――すべて。
○指――趣旨。
○左右――周囲の人。
○諦――つまびらか。
○荘周――荘子。
○木雁各有喜――『荘子』山木篇に見える寓話を踏まえる。使い物にならない木は木材として用を為さないがゆえに切られずに済むが、鳴かない雁は雁としての機能を欠くがゆえに食用にされてしまう。何が幸いとなるかは一概に言えないという喩え。
○語訛――正しい発音ができないこと。
○詫――自慢する。
○出典は、『昌黎先生集』。

問1　――線部①「落　勢　殊　未　已」（返り点・送り仮名は省いてある）のここでの意味として最も適当と思われるものを次の中から一つ選びなさい。

ア　歯が抜ける勢いは他の人とそう違わない
イ　歯が抜ける勢いはとりわけはなはだしい
ウ　歯が抜ける勢いはかつてないほどである
エ　歯が抜ける勢いはいっこうに止まらない

□

問2　――線部②「尽落応始止」（返り点・送り仮名は省いてある）のここでの意味として最も適当と思われるものを次の中から一つ選びなさい。

ア　ぜんぶ抜ける前になんとしても抑えたい
イ　ぜんぶ抜けてやっとおしまいになるのだろう
ウ　ぜんぶ抜けてしまったらもう生えてくるはずがない
エ　ぜんぶ抜けてしまいそうなのをもはや止めるすべなどない

問3 ——線部③「及 至 落 二 一 三 始 憂 衰 即 死」（「二本三本と抜けるにつれ、この身も衰えてもうすぐ死ぬんじゃないかと心配になった」の意）を訓読する際に施す返り点として最も適当と思われるものを次の中から一つ選びなさい。

ア 及 至 落[二] 一 三[一] 始[レ] 憂[二] 衰 即 死[一]

イ 及[下] 至 落[二] 一 三[一] 始 憂[中] 衰 即 死[上]

ウ 及[下] 至 落[二] 一 三[一] 始[中]‐憂 衰 即 死[上]

エ 及[レ] 至[レ] 落[二] 一 三[一] 始 憂 衰 即 死

□

問4　——線部④「毎 一 将 落 時」の書き下し文として最も適当と思われるものを次の中から一つ選びなさい。

ア　毎《つね》に一《いっ》の将《まさ》に時《とき》に落《お》ちて
イ　一《いっ》の将《まさ》に落《お》ちんとする時毎《ときごと》に
ウ　毎《つね》に一《いっ》の将《まさ》に落《お》つる時《とき》
エ　一《いっ》の将《まさ》に時《とき》に落《お》ちんとする毎《ごと》に

問5　——線部⑤「既 熟」（返り点・送り仮名は省いてある）のここでの意味として最も適当と思われるものを次の中から一つ選びなさい。

ア　すっかり慣れっこだ
イ　しっかり理解できた
ウ　もううんざりだ
エ　だいぶ巧《うま》くなった

問6　X に入る語として最も適当と思われるものを次の中から一つ選びなさい。

ア　命　イ　牙　ウ　一　エ　二

問7　――線部⑥「与」のここでの読み方（送り仮名を含む。活用する語は終止形で示してある）として最も適当と思われるものを次の中から一つ選びなさい。

ア　くみす　イ　ために　ウ　ともに　エ　と

問8　Y に入る語として最も適当と思われるものを次の中から一つ選びなさい。なお、Y を含む句は送り仮名を省いてあります。

ア　問　イ　嘆　ウ　視　エ　算

問9　この詩の内容に合致するものとして最も適当と思われるものを次の中から一つ選びなさい。

ア　歯が抜けるのは寿命のほうも頼りなくなった証拠だと嘆く作者に対して、人の一生には限りがあり、いずれ最後は死ぬまでのことだと諭す人がいることを作者は訝《いぶか》しんでいる。

イ　作者は、歯が抜けるようになった最初の頃を述懐して、一本抜けそうになるたび、食事に不便を感じ、うがいにも気をつかい、最後に抜け落ちる時には、山が崩れるような思いがしたと述べている。

ウ　歯が全部抜けてしまったら、うまくしゃべれなくなるし、やわらかいものばかり食べてもそれで美味しいとは思えないだろうと、作者は老後に楽しみが見出だせないことを悲観している。

エ　作者は、歯が抜け始めて以来、年々抜け落ちる数は増大するばかりで、歯が抜け落ちた自分の姿は恥ずかしいが、残った歯を大事にして長生きしたいと述べている。

□

6
「落歯」

7 『貞観政要《じょうがんせいよう》』

神戸大学

本冊（解答・解説）p.58

◆次の文章を読んで、問一～四に答えなさい。（本文の一部を改変したところがある。設問の都合で返り点や送り仮名、振り仮名を省略した部分がある。）

（配点30）

太宗威容厳粛《ナレバ》、百僚《ノ》進《ミ》見《ユル》者、皆失《フ》二其《ノ》挙措《ヲ》一。太宗知其①若此、毎《ニ》レ見《ル》二人《ノ》奏《スルヲ》一レ事《ヲ》、必《ズ》仮二借《シ》顔色《ヲ》一、冀《こひねがフ》下聞《キ》二諫《くわん》諍《さうヲ》一、知《ランコトヲ》中政教《ノ》得失《ヲ》上。貞観《ノ》初《メ》、②嘗謂《ヒテ》二公卿《ニ》一曰《ク》「人欲《スレバ》二自《ラ》照《ラサント》一、必須明鏡。君欲《スレバ》レ知《ラント》レ過《チヲ》、必《ズ》藉《よル》二忠臣《ニ》一。若《シ》君自《ラ》恃《たのメバ》二賢聖《ヲ》一、臣不二匡正《セ》一。欲《スルモ》レ不《ラント》二危敗《セ》一、③豈可得乎。故《ニ》君失《ヒ》二其《ノ》国《ヲ》一、(ア)臣

亦不レ能三独全二其家一。至リテハレ如キニ二隋ノ煬帝ノ暴虐ナルガ一、臣下鉗《かん》口《こう》シ、

(イ)卒《つひ》ニ令不聞其過、遂ニ至ル二滅亡ニ一。虞世基等、尋イデ亦誅《ちうせ》ラレテ死ス。

(A)前事不遠。公等毎ニレ看ルレ事ヲ、(ウ)有不利於人、必須極言

規諫。」

（『貞観政要』より）

注

○太宗――唐朝第二代皇帝（李世民）。在位六二六～六四九。

○百僚――多くの官僚。

○挙措――立ち居振る舞い。

○仮借――許すこと。見逃すこと。ここでは和らげること。

○諫諍――強く目上の人をいさめること。いさめ争うこと。

○貞観――太宗の年号。六二七～六四九。

○公卿――高位高官の大臣。

○隋煬帝――隋朝第二代皇帝（楊広）。在位六〇四～六一八。

○鉗口 ―― 口を閉じてものを言わないこと。
○虞世基 ―― 煬帝の寵臣。
○極言 ―― 思う存分に言う。言葉を尽くして言う。

問一 二重傍線部①「若此」、②「嘗」、③「豈可得乎」をすべて平仮名で書き下しなさい（現代仮名遣いでよい）。

①	②	③

問二 傍線部(ア)「臣亦不能独全其家」、(イ)「卒令不聞其過」、(ウ)「有不利於人、必須極言規諫」を本文に即して現代語訳しなさい。

(ア)	(イ)	(ウ)

問三　傍線部(A)「前事不遠」とある「前事」の内容について、本文に即して説明しなさい。

問四　波線部「毎見人奏事、必仮借顔色」とした太宗の意図を、本文全体をふまえ五〇字以内で説明しなさい。

8 「中山盗録《ちゅうざんとうろく》」

大阪大学

本冊（解答・解説）
p.66

◆次の文章を読んで、後の問いに答えなさい。ただし、設問の都合上、返り点・送り仮名を省略した部分があります。（配点35）

　*中山ノ某氏、聚《あつ》メ二*亡命ヲ一為シレ盗ト、往二来ス*江淮ノ間ニ一。(1)未嘗掠農舎鶏犬・*賈舶子女、必ズ廉《しら》ベ二某州某郡ノ吏之*沓《むさぼ》リテ而狼《らう》戻《れい》ナル者ヲ一、中夜至リ二其ノ家ニ一、擒《とりこ》ニシ二其ノ主《あるじ》ヲ一、反*接シ二于柱ニ一、盗ハ坐シ二堂上ニ一、(2)令持刀者刲其脂肉、反《かへ》ツテ啖《くら》ハシ二其ノ口ニ一、問ヒテレ之ニ曰ク「痛《く》楚《る》シキ乎《や》ト」。主哀《な》キ吼《さけ》ビテ曰ク「痛《く》楚《る》シ、痛《く》楚《る》シト」。盗曰ク「汝割《え》二

剥民《みん》*膏《かう》、痛亦爾《かくのごとし》」。悉《ことごとく》取其財、置諸《これ》通*衢《く》、使民争取之、殺其主、焚《やく》其室。

楊*子曰「(3)*繡《しう》斧《ふ》不聴《さばか》*沓《たふ》吏《り》、久矣《かな》。而盗能之。殲《ころ》其魁《くわい》*、而不逮《およ》其孥《ど》*、仁也。窮《きは》帑《ど》*蔵《ざう》、而還《かへ》之於民、義也。嗚《あ》呼《あ》、(4)盗而仁義、謂之盗、可乎。不《あら》盗而不仁不義、謂之不《あら》盗、可乎。菫《きん》*之毒、能殺人、亦能治病。医之良者使之。盗能殺人、亦能攻盗。亦顧《ただ》其使之者如何耳。吾故志《しる》其事、(5)使用才者聞*知、勿俾吏者《は》不仁《ニシテ》而盗者《は》仁《ナラ》也」。

（楊維楨「中山盗録」による）

注

＊亡命——故郷を逃げ出したものたち。
＊中山・江淮——中山は今日の河北省定県あたり、江淮は今日の江蘇省あたりを指す地名。
＊賈舶子女——商人の子女。ここでは営利誘拐を念頭に置いていう。
＊沓而狼戻——欲張りで狼のように凶暴なもの。
＊反接——両手を後ろ手に縛る。
＊民膏——民の膏血。膏は脂の意で、労働の結晶。
＊通衢——四方に通じる大通り。
＊楊子曰——楊子は作者の自称。「楊子曰」以下は、事件に対する作者の論評。
＊繡斧——巡検使。官吏の汚職を取り締まるために皇帝の特命を受けて地方を巡察する高官。
＊沓吏——汚職する役人。
＊魁——おやだま。
＊孥——妻子。
＊帑蔵——所蔵される金品。
＊菫——トリカブト。毒薬になる。
＊聞知——聞いてよく理解する。

問一　傍線部(1)「未嘗掠農舎鶏犬・鬻舶子女」は「いまだかつてのうしゃのけいけん・かはくのしじょをかすめず」と読みます。この読み方にしたがって、返り点を付しなさい。

未嘗掠農舎鶏犬・鬻舶子女

問二　傍線部(2)「令持刀者刲其脂肉」は「かたなをもちしものをしてそのしにくをえぐらしめ」と読みます。この読み方にしたがって、返り点を付しなさい。

令持刀者刲其脂肉

問三　傍線部(3)「繡斧不聴沓吏、久矣。而盗能之」を現代語訳しなさい。

問四　傍線部(4)「盗而仁義、謂之盗、可乎」を、すべて平仮名を用いて書き下し文に改めなさい。

問五　傍線部(5)「使用才者聞知、勿俾吏者不仁而盗者仁也」はどのようなことをいうのか。「用才者」が指示する内容に留意して、わかりやすく説明しなさい。

9

『新論《しんろん》』

北海道大学

本冊（解答・解説）
p.74

◆次の文章を読んで設問に答えよ。なお、設問の都合で送りがなを省いたところがある。（配点25）

淳《じゅん》于《う》髡《こん》至リ二隣家一ニ、見テ二其ノ竈《かまど》ノ突之直ニシテ而積《せき》薪《しん》ノ在ルヲ一レ旁《かたはら》ニ、

曰ク、「[イ]此且レ有リ二火災一。」即チ教フルモレ使メンコトヲ下[a]更為《つく》リテ二曲突ヲ一而徙《うつ》シ中遠ザケ

其ノ薪上、竈家不レ聴カ。後ニ災アリテ、火果タシテ及ビテ二積薪一ニ而燔《や》キ二其ノ屋一ヲ、隣

里並ビニ救ヒ撃ツ。及ビテ二滅止一スルニ而[b]亨《すす》メレ羊ヲ具ヘレ酒ヲ以テ労二謝シ救フレ火ヲ者一ヲ、

曲ゲレ突ヲ遠ザクルモレ薪ヲ、固ヨリ不三[c]肯ヘテ呼二バ淳于髡ヲ飲飯一ニ。智者譏《そし》リテレ之ヲ云ク、

「教《ムルハ》人《ヲシテ》曲《ゲ》突《ヲ》遠《ザケ》薪《ヲ》、固《ヨリ》無《ク》恩沢、焦《こガシ》頭《ヲ》爛《ただラスハ》額《ヲ》、反《ツテ》為《スト》上客《ト》。」蓋《シ》傷《いたム》其《ノ》賤《ミテ》本《ヲ》而貴《ブヲ》末《ヲ》。豈《ニ》夫《レ》独《リ》突薪《ノミ》可《ケンヤ》以《テ》除《ク》害《ヲ》哉。而《シテ》人《ノ》病《モ》国《ノ》乱《モ》、亦《タ》皆如斯。是《ノ》故《ニ》良医《ハ》医《いやシテ》其《ノ》未《ダ》《ルヲ》発《セ》、而明君《ハ》絶《ツ》其《ノ》本謀《ヲ》。後世多《ク》損《ヒテ》於杜塞《スルヲ》未《ダ》《ルヲ》萌《きざサ》、而勤《ム》於攻撃《スルニ》已《ニ》成《ルヲ》。謀臣《ハ》稀《まれニ》賞《セラレテ》而闘士《ハ》常《ニ》栄《ユルコト》、猶《ホ》《ごとシ》彼《ノ》人殆《ド》失《フガ》事之重軽《ヲ》。察《スレバ》淳于髡之預言《ヲ》、可《シ》以《テ》無《カル》不《ルコト》通《ぜ》。此《レ》見《ル》微《ヲ》之類也。

（桓譚《かんたん》『新論』）

注 淳于髡——人名。

突——煙突。
救撃——（火を）ふせぎ、打ち消す。
救火——火をふせぐ。火を制止する。
本謀——首謀者。
杜塞——杜絶し閉塞する。遮断し封じ込める。
闘士——戦闘を行う武人。将軍や武将。

問一　傍線部a「更」・b「具」・c「肯」・d「如斯」の読みを送りがなも含めて記せ。

a	c
b	**d**

問二　傍線部イ「此且有火災」をひらがなのみで書き下せ。

（例）学而時習之→まなびてときにこれをならふ

問三　傍線部ロ「良医医其未発、而明君絶其本謀」をわかりやすく現代語訳せよ。

問四　傍線部ハ「猶彼人殆失事之重軽」とあるが、「事の重軽を失ふ」とはどういうことか。「彼の人」が誰を指すかを明らかにしながら、七五字以内で説明せよ。

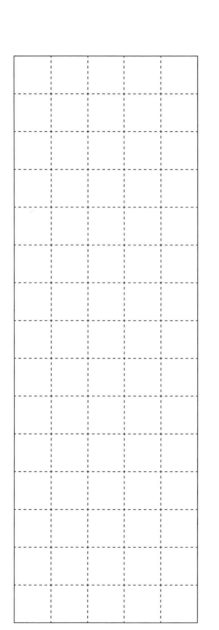

10 「送徐無党南帰序《じょむとうのなんきするをおくるのじょ》」

九州大学

本冊（解答・解説）p.80

◆次の文章を読んで、後の問いに答えよ。なお、設問の都合で返り点・送り仮名を省いたところがある。（配点45）

予読《ミ》二班固《ノ》芸文志・唐《ノ》四庫《ノ》書目《ヲ》一、見《ルニ》二其《ノ》所《ヲ》レ列《スル》、ⓐ自二三代・秦・漢一以来、著《ス》レ書《ヲ》之士、多《キ》者《ハ》至《リ》二百余篇《ニ》一、少《キ》者《ハ》猶《ホ》三四十篇《ナリ》。①其人不レ可二勝数一。而《レドモ》散亡磨滅《シ》、百《ニ》不二一二《モ》存《セ》一焉。予窃《カニ》悲《シム》二其《ノ》人《ヲ》一。文章《ハ》麗《シク》矣、言語《ハ》工《ナルモ》矣、無《キ》レ異《ナル》二草木《ノ》栄華之飄《ひるがへり》レ風《ニ》、鳥獣《ノ》好音之過《ルニ》レ耳《ヲ》也。②方其用心与力之労、ⓑ亦何異《ナラン》二衆人之汲汲営営《トシテ》、而《シテ》忽焉《トシテ》以《テ》死《スル》者《ニ》一。雖《モ》二有《リ》レ遅《キ》有《リト》レ速《キ》、而《モ》ⓒ卒与《ニ》二三者《ト》一同《ジク》帰《ス》二於泯滅《ニ》一。③夫言之不レ可レ恃《たのム》也、蓋《シ》如《シ》レ此《クノ》。今之学者、④莫《キモ》レ不《ル》レ慕《ハ》二古聖賢之不《ルヲ》レ朽《チ》、而《モ》勤《メテ》二一世《ヲ》一以《テ》尽《クス》二心《ヲ》於文字《ノ》間《ニ》一者《ハ》、⑤皆可《キ》レ悲《シム》也。

（宋・欧陽脩「送徐無党南帰序」による）

注
班固 ―― 後漢時代の歴史家。
芸文志 ―― 後漢時代の図書目録。
唐四庫 ―― 唐時代の宮廷図書館。

書目——図書目録。
三代——夏・殷・周。
汲汲営営——せっせと休まずに努める様子。
忽焉——突然。
泯滅——滅び失せる。
聖賢——聖人と賢者。

問1　傍線部①「其人不可勝数」について、

（1）すべてひらがなで書き下し文に改めよ（現代仮名づかいでもよい）。

（2）「其人」は何を指しているか。文中の語を抜き出して示せ。

（1）	（2）

問2　傍線部②「方其用心与力之労」は、「そのこころとちからとをもちふるのろうにくらぶれば」と読む。

（1）この読み方に従って、原文に返り点をつけよ。

（2）この文章をわかりやすく現代語訳せよ。

（1）	（2）
方其用心与力之労	

問3　傍線部③「夫言之不可恃也、蓋如此」とはどういうことか。わかりやすく説明せよ。

問4　傍線部④「莫不慕古聖賢之不朽」をわかりやすく現代語訳せよ。

問5　傍線部⑤「皆可悲也」について、何がどうなるので作者は悲しいと思うのか。四十字以内で述べよ。

問6　波線部ⓐ「自」、ⓑ「亦何」、ⓒ「卒」の読み方を送りがなも含めてすべてひらがなで記せ（現代仮名づかいでもよい）。

ⓐ

ⓑ

ⓒ

問7　欧陽脩は宋代に活躍したが、宋代にできた作品を次の（ア）〜（コ）の中から全て選び、その記号を記せ。

（ア）文選　（イ）新唐書　（ウ）論語　（エ）赤壁賦　（オ）出師表
（カ）孟子　（キ）長恨歌　（ク）四書集注　（ケ）西遊記　（コ）三国志演義

11

『三国史記《さんごくしき》』

東京大学

本冊（解答・解説）p.90

◆次の文章を読んで後の設問に答えよ。ただし、設問の都合で送り仮名を省いたところがある。（配点30）

温達ハ、高句麗平岡王ノ時ノ人也。破衫《さむ》弊履シテ、往㆓来ス於市井ノ間ニ㆒。時人目シテ㆑之ヲ為ス㆓愚温達ト㆒。平岡王ノ少女児好ク啼《な》ク。王戯レテ曰ク、「汝常ニ啼キテ聒《かまびす》シ㆓我ガ耳ニ㆒、当ニシト㆑帰《とつ》ガシム㆓之ヲ愚温達ニ㆒」。王毎ニ言フ㆑之ヲ。及ビ㆓女年二八ニ㆒、王欲ス㆔下㆓嫁セシメント於高氏ニ㆒。公主対ヘテ曰ク、「大王常ニ語《つ》グ㆔汝必ズ為レト㆓温達之婦ト㆒。今何故ニ改ムル㆓

前言《ヲ》一乎。a 匹夫猶不レ欲二食言一、況至尊乎。故《ニ》曰《ク》『王者《ニ》無《シト》二戯言一』。今大王之命謬《あやまレリ》矣。妾不《ト》二敢《テ》祇《つつしミテ》承《ケ》一」。

王怒《リテ》曰《ク》、「b 宜《ク》《シト》レ従《フ》二汝《ノ》所《ニ》レ適《ク》矣」。於《テ》レ是《ニ》公主出《デ》レ宮《ヲ》独《リ》行《キテ》、至《ル》二温達之家《ニ》一。見《まみエ》二盲《タル》老母《ニ》一、拝《シテ》問《フ》二其《ノ》子《ノ》所《ヲ》レ在《ル》。老母対《ヘテ》曰《ク》、「惟《レ》我《ガ》息不レ忍《ビ》レ飢《ウルニ》、取《ル》二楡《ゆ》皮《ヲ》於山林《ニ》一。久《シクシテ》而未《ダ》《ト》レ還《ラ》」。公主出《デ》行《キテ》至《リ》二山下《ニ》一、見《ル》下温達《ノ》負《ヒテ》二楡皮《ヲ》一而来《ルヲ》上。c 公主与レ之言《フ》レ懐《ヲ》。温達悖《ぼつ》然《トシテ》曰《ク》、「此非《ズ》二幼女子《ノ》所《ニ》レ宜《ク》《キ》レ行《フ》、必《ズ》非《ザル》レ人《ニ》也《ト》」。遂《ニ》行《キテ》不レ顧《ミ》。公主明朝更《ニ》入《リ》、与二母

子一備《つぶさニ》言《フ》レ之《ヲ》。温達依違《シテ》未《ダ》レ決《セ》。其《ノ》母曰《ク》、「吾息至陋、
不レ足レ為二貴人匹一。吾《ガ》家至《ツテ》窶《まずシク》、固《ヨリ》不《ト》レ宜《シカラ》二貴人《ノ》居《ニ》一」。公
主対《ヘテ》曰《ク》、「古人言《フ》『一斗《ノ》粟猶《ホ》可《ク》レ舂《つく》、一尺《ノ》布猶《ホ》
可《シト》レ縫《フ》』、則《チ》苟《クモ》為《レバ》二同心一、何《ゾ》必《ズシモ》富貴《ニシテ》然《ル》後《ニ》可《ケン》レ共《ニス》乎《ト》」。
乃《チ》売《リテ》二金釧《せんヲ》一、買二得《ス》田宅牛馬器物《ヲ》一。

(『三国史記』による)

注

○温達――?～五九〇年。後に高句麗の将軍となる。
○平岡王――別名、平原王。高句麗第二十五代の王。在位は五五九～五九〇年。
○破衫――破れた上着。
○公主――王の娘。
○楡皮――ニレの樹皮。
○悖然――怒って急に顔色を変えるさま。
○依違――ぐずぐずすること。
○一斗粟猶可舂、一尺布猶可縫――出典は『史記』淮南衡山列伝。
○釧――うでわ。

問(一)　「匹夫猶不レ欲二食言一、況至尊乎」（傍線部a）を平易な現代語に訳せ。

問(二)　「宜レ従二汝所一レ適矣」（傍線部b）とはどういうことか、簡潔に説明せよ。

問(三)　「公主与レ之言レ懐」（傍線部c）とはどういうことか、具体的に説明せよ。

問㈣　「吾息至陋、不レ足レ為二貴人匹一」（傍線部d）を平易な現代語に訳せ。

問㈤　「苟為二同心一、何必富貴然後可レ共乎」（傍線部e）とはどういうことか、わかりやすく説明せよ。

12 『闇然堂類纂《あんぜんどうるいさん》』

本冊（解答・解説）
p.98

◆次の文章を読んで問いに答えよ。なお、設問の都合上、一部訓点を省いたところがある。（配点30）

羅念庵先生之先世ニ有リ二名慶同ナル者一、号ス二善庵ト一。嘗《つねニ》以テレ市《ウルヲ》レ薬ヲ為シレ済《すくフヲ》二人之困《くるシミヲ》一、無ク二親戚貧富ト一、(1)以病請薬、必ズ与フ二善品ヲ一。即《たとヒ》負券不レドモレ償ハ、輒チ焚《ふん》棄シテ(a)不問。嘗テ大雪アリ、夜半ニ聞キ二扣《たたクノ》レ戸ヲ声ヲ一、亟《すみやカニ》起キテ問ヘバレ之ニ、則チ境外ノ儒生ノ為ニレ母ノ市《かフ》レ薬ヲ者也。延《ひキテ》入レ、坐シテ而嘆ジテ曰ク、「夜ニ市《かフ》レ薬ヲ者多シ矣。要《かならズ》皆急ニシテ二其ノ妻ト

与《ニ》レ子、未《ダ》レ有《ラ》二為《ニスル》レ母《ノ》者一也。子《なんぢ》其《レ》孝《ナル》者《ト》与《ト》」。因《リテ》労《ねぎらヒ》二其《ノ》良苦《ヲ》一、飲二食《セシム》之《ニ》一。儒生出《シテ》二金釧《せんヲ》一質《トスルニ》レ薬、問《ヒテ》レ之《ニ》曰《ク》、「而《なんぢノ》母命《ジタル》レ之《ヲ》乎《ト》」。曰《ク》、「病《ニ》困《シミテ》、不《ル》レ知《ラ》也《ト》」。慶同曰《ク》、「而《ノ》母病間《ナルトキ》、(ア)聞市薬、問所質。云《ハバ》レ去《ルヲ》二金釧《ヲ》一、心当《ニ》二恚《い》忿《ふんス》一。是《レ》益《ます》二其《ノ》病《ヲ》一也。亟《カニ》持《チ》去《レト》」。手《ヅカラ》授《ケ》二良薬《ヲ》一、復《タ》遣《ハシテ》レ人《ヲ》衛《まもリ》行《カシム》。(2)歳且暮、儒生券(b)未酬。僮《だう》奴持《チテ》レ之《ヲ》曰《ク》、「券《ノ》直《あたひ》若干、奈何《セント》」。慶同笑《ヒテ》曰《ク》、「汝《なんぢ》為《ニ》レ吾《われノ》惜《シム》レ金《ヲ》耶《ト》」。投《ゲ》二之《ヲ》火《ニ》一、竟《つひニ》不レ問《ハ》。明年春、有《リ》下騎《ノ》従《ヒテ》二帷《ゐ》車《ニ》一来《ル》者上。問《ヘバ》レ之《ニ》、則《チ》負券《ノ》儒生《ノ》母子也。其《ノ》母手《ニ》持《チ》二金布《ヲ》一拜《シテ》曰《ク》、「(A)微翁、不得至今日。

翁《ハ》児‐女《モテ》視《ルモ》レ我《ヲ》、我《ハ》無《シ》二以《テ》報《イル》一。病《ヨリ》起《たチ》、(イ)手《ヅカラ》織《リテ》二此《ノ》布《ヲ》一為《シ》レ寿《ヲ》、是《ヨリ》

以後期三願《セント》翁世世子孫綿綿纚《し》纚《しタルコト》、如《キヲ》二此《ノ》布《ノ》一矣」。

慶同受《ケテ》而復《タ》遺二贈《ス》之《ヲ》一。其《ノ》善行若《シ》レ此《かクノ》。

（潘士藻『闇然堂類纂』による）

注
○羅念庵――明代の儒学者、羅洪先のこと。
○先世――先祖。
○負券――借金の証文。
○儒生――儒学を学ぶ学徒。
○金釧――ここでは女性用のブレスレットのこと。
○病間――病状が快方に向かうこと。
○恚忿――怒ること。
○僮奴――使用人、召使い。

○帷車――ほろ付きの車。
○病起――病気が治ること。
○綿綿纚纚――途絶えることなくつながって美しい様子。

問㈠ 傍線の箇所(1)「以病請薬」、(2)「歳且暮」を、すべて平仮名で書き下せ。現代仮名づかいでよい。

(1)	(2)

問㈡ 傍線の箇所(a)「不問」、(b)「未酬」の意味を記せ。

(a)	(b)

問㈢　傍線の箇所(A)「微翁、不得至今日」を口語訳せよ。

問㈣　傍線の箇所(ア)に「聞市薬、問所質」とあるが、どういうことか。本文の内容に即して三十五字以内で説明せよ。

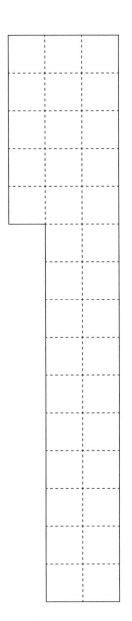

問㈤　傍線の箇所㈠に「手 織 此 布」とあるが、儒生の母はなぜこのような行為をしたのか。本文の内容に即して六十字以内で説明せよ。

13 『女学読本《じょがくとくほん》』

広島大学

本冊（解答・解説）p.106

◆次の文章は、明治二十年に出版された女子教育書『女学読本』の「原恭胤の妻」である。これを読んで後の問いに答えよ（設問の都合で返り点・送り仮名を省いたところがある）。（配点50）

原恭《やす》胤《たね》ノ妻秋田氏。恭胤ノ父ハ瑜《ゆ》、号ハ双桂、以テ二儒学ヲ一仕《つか》フ二古《こ》河《が》ノ土井氏ニ一。瑜没シ、恭胤襲レフ家ヲ。無レクシテ何《いくば》クモ、以テレ病ヲ辞スルモレ仕フルヲ、不レ允《ゆる》サレ。猶ホ乞ヒテ不レ止マ。①以レ是獲レ罪ヲ、禁錮セラルルコト匝《さふ》年《ねん》、終 a ‖ 削レラル籍ヲ。

秋田氏 b ‖ 適帰寧ス。其ノ父謂《い》ヒテ曰《い》ハク「為《ため》ニレ汝ノ択《えら》ビシレ婿《むこ》ヲ時、以《お》為《も》ヘラク原氏之子ハ有リ二才行一、其ノ禄ハ則チ二百石ト矣。②是以妻《めあは》スレ之ニ。及ビレ嗣《つぐ》ニレ世ヲ、禄ハ減ゼラル二其ノ半《なかば》ヲ一。猶ホ可キモ二以テ無カルレ飢ウル、至リテハ二其ノ辞スルニレ仕フルヲ、則チ不ル三自ラ揆《はか》ラ二其ノ量ヲ一也。士無クンバ二恒禄一、何ヲ以テ衣食センヤ。③汝不如更適以得良匹也。」秋田氏潸《さん》然トシテ零《れい》涕《てい》シテ曰ハク「嗚呼(1)大人何ゾ出《いだ》スヤ二此ノ言ヲ一。(2)妾聞ク三先舅之時ニ語ルヲ二古ノ烈女ヲ一。或イハ嘗《な》メレ苦シミヲ、或イハ致スモレ死ヲ、皆不レ易《かへ》二其ノ操《みさを》ヲ一。A今夫不レ去レ妾、妾奈何自求レ去。且ツ有レバレ禄而《すなは》チ配シ、無クンバレ禄則チ離ルルハ、B不義莫レ大レ焉。c仮令再醮《せう》シテ以テ身ニ被リ二錦繍ヲ一、口ハ飽クトモ二粱肉ニ一、豈ニ所ナランレ願フ哉ト。」父母不レ能ハレ奪フ。然レドモ猶ホ時ニ勧ムニ二暌《けい》離スルヲ一而レドモ秋田氏ハ堅クシテレ操ヲ不レ回《かへ》ラ。事《つか》フルコトレ

13

『女学読本』

夫ニ愈d謹ム。

遂ニ従ヒテ二恭胤ニ一来リ二江戸ニ一、僑居ス二市中ニ一。其ノ侍《やしな》フコトレ姑ヲ(3)、孝養備ハリ至ル。比隣相語リテ曰ハク「新タニ来ル人ハ、姑ト与レ婦恩情篤密ナリ。此レ必ズ真ノ母子ナラン。其ノ夫ハ(4)則チ贅婿ナラン也。不ンバレ然ラ者、其ノ相尽クスコトレ心ヲ、安c得レ如レ斯乎。」既ニシテ而恭胤入リテ二幕府ニ一仕《つとむ》レ籍ニ。秋田氏e屢覯《まみ》ユルニ二父母ニ一、父母始メテ悔ユト二前言ヲ一云《い》フ。其ノ子善モ亦タ伝フ二家学ヲ一。文化中、著ハシ二『先哲叢談ヲ』一、行ハル二于世ニ一。

注

原恭胤——江戸時代の儒学者。
瑜——原恭胤の父。原瑜。
古河——古河藩（現在の茨城県古河市）。土井氏は当時の藩主。
匝年——匝はひとめぐり。匝年で一年。
帰寧——里帰りすること。
潸然——涙がながれるさま。
零涕——涙をながすこと。
去——離縁すること。
配——結婚する。
再醮——再婚すること。
錦繍——美しい着物のこと。
粱肉——美味しい食べ物のこと。
睽離——離婚すること。
僑居——仮住まいをすること。
贅婿——入り婿（婿養子）のこと。
善——原恭胤の子。原善。
文化——江戸時代の元号。

問一　二重傍線部a「終」、b「適」、c「仮令」、d「愈」、e「屢」は、それぞれ本文中ではどのように読むか。その読み方を送り仮名も含めてすべてひらがなで記せ（現代仮名づかいでもよい）。

a	d
b	**e**
c	

問二　傍線部①②について、次の問いに答えよ。

1　①②の読み方をすべてひらがなで記せ。

2　①の「是」が示す内容をわかりやすく説明せよ。

3　②の意味を記せ。

1	2	3
①		
②		

問三　傍線部③「汝不如更適以得良匹也」は「おまえは再婚して良い夫を得た方がよい」の意味である。本文に返り点・送り仮名を施せ（「更適」はここでは再婚すること）。

汝不如更適以得良匹也

問四　波線部(1)「大人」、(2)「妾」、(3)「姑」、(4)「夫」はそれぞれ誰をさすか。次の選択肢の中から最も適当なものを選べ。

ア　原瑜　　イ　原恭胤　　ウ　原恭胤の母
エ　秋田氏　　オ　秋田氏の父　　カ　秋田氏の母

(1)	(2)	(3)	(4)

問五　傍線部A「今夫不去妾、妾奈何自求去」、B「不義莫大焉」、C「安得如斯乎」を書き下せ。

A	B	C

問六　二重波線部で、なぜ父母は前言を悔いたのか、その理由として最も適当なものを一つ選べ。

① 娘が妻の方から離婚を言い出すのは不義だと、涙ながらに反論したのに折れたから。
② 娘が実の母娘と間違われるほど夫の母と仲が良く、近所の人々にも褒められたから。
③ 娘が無職の夫に懸命に仕えている様を見て、離婚を勧めた事の非を思い知ったから。
④ 娘婿に対する認識が誤っていた事実を知り、離婚の勧めが軽率だったと悟ったから。
⑤ 娘の献身的な看病によって夫が治癒した様子を見て、妻のあるべき姿を悟ったから。

問七　本文では原恭胤の妻はどのような点が評価されているか。わかりやすく説明せよ。

14 「黄生借書説《こうせいしょをかるのせつ》」

名古屋大学

本冊（解答・解説）p.116

◆次の文章を読んで、後の問に答えよ。但し設問の関係で送り仮名を省いた部分がある。（配点60）

黄生允《ゐん》修《しう》借ルレ書ヲ。随園主人授《あた》フルニ以テシレ書ヲ、而告ゲテレ之ニ曰ハク、書ハ非ズンバレ借ルニ不ルレ能ハレ読ム也。子不ランレ聞カ二蔵スルレ書ヲ者ヲ一乎。七略、四庫ハ、天子之書ナリ。然レドモ 1 天子ノ読ムレ書ヲ者ハ有ランレ幾《いくばく》カ。汗セシメレ牛ニ塞グハレ屋ヲ、富貴家之書ナリ。然レドモ富貴ノ人ノ読ムレ書ヲ者ハ有ランレ幾カ。其ノ他祖父ノ積ミシヲ、子孫ノ棄ツル者ハ無シレ論焉。 2 非二独書為一レ然、天下ノ物皆然。非ザレバ二

夫《かノ》人之物《ニシテ》而強[a]仮《かルニ》一焉、必《ズ》慮《リテ》二人《ノ》逼《せまリ》取《ルヲ》一而惴《ずい》惴《ずい》焉《ゑんトシテ》摩二
玩《シテ》之《ヲ》一不レ已《マ》、曰《ハク》、今日存《スルモ》、明日去《ラン》、吾不《ランヤト》二得《テ》而見レ之《ヲ》矣。
若《もシ》業《すでニ》為《レバ》二吾《ノ》所《ト》レ有《スル》、必《ズ》高《ク》束《ネ》焉、庋《き》蔵《ざうシテ》焉、曰《ハク》、姑《しばらク》俟《まチテ》二異日《ヲ》一
観《ント》云《フ》レ爾《しか》。

余幼《クシテ》好《メドモ》レ書《ヲ》、家貧《クシテ》難《シ》レ致《シ》。有《リ》二張氏一蔵《スルコト》レ書《ヲ》甚《ダ》富《ム》。往《キテ》借《リントスルモ》、
不レ与《ヘラレ》。帰《リテ》而形《みル》二諸《これヲ》夢《ニ》一。[3]其《ノ》切《ナルコト》如《シ》レ是《クノ》。故《ニ》有《レバ》レ所レ覧《ル》輒《チ》省《つまびラカニ》記《ス》。
通籍《ノ》後、俸去《リテ》書来《リ》、落落《トシテ》大《イニ》満《ツ》、素《そ》蟫《たん》灰《くわい》糸《し》時《ニ》蒙《おおフ》二巻
軸《ヲ》一。然《ル》後《ニ》嘆《ク》二借《ル》者之用《ヒルコト》レ心《ヲ》専《ラニシテ》、而少時之歳月《ノ》為《スヲ》レ可《キト》レ

惜《シム》也。今黄生貧《シキコト》類《シ》レ予《ニ》、其《ノ》借《ルモ》レ書《ヲ》亦《タ》類《ス》レ予《ニ》。b惟予之 4公《ニスルト》レ書《ヲ》与二張氏之吝《をシム》レ書《ヲ》若《シ》レ不《ルガ》二相《ヒ》類《セ》一。然《ラバ》則《チ》予c固不幸《ニシテ》而遇《フ》レ張《ニ》乎、生固幸《ニシテ》而遇《フ》レ予《ニ》乎。知《レバ》三幸《ト》与《ヲ》二不幸一、則《チ》 5其《ノ》読《ム》レ書《ヲ》也必《ズ》専《ラニシテ》、而其《ノ》帰《ス》レ書《ヲ》也必《ズ》速《ヤカナラント》。為《つくリテ》二一説《ヲ》一、使《ム》二与《ともニ》レ書《ト》倶《そなへ》一。

（袁枚《えんばい》「黄生借書説」による）

注

○黄生允修――黄允修は人名。生は呼称。
○随園――清代の文学者袁枚の号。
○七略――漢代の劉歆《りゅうきん》が編んだ宮中の書籍目録。
○四庫――清代の紀昀《きいん》らが編んだ宮中の書籍目録。
○汗牛塞屋――書物を車に載せて牛に引かせると汗をかくほどであり、部屋をふさぐほどの書物があることをいう。蔵書の多いことのたとえ。
○惴惴焉――戦々恐々とするさま。
○庋蔵――しまう。
○通籍――宮中に仕えること。
○落落――たくさんあるさま。
○素蟫灰糸――紙を食べる白い虫と灰色の蜘蛛の糸。
○吝書――本を貸し渋ること。

問一　波線部a「強」b「惟」c「固」の読みを、それぞれひらがなで記せ。

a	b	c

問二　傍線部1「天子読レ書者有レ幾」を現代語訳せよ。

問三　傍線部2「非二独書為一レ然」を書き下し文にせよ。

問四　傍線部3「其切如レ是」を「是」が指し示すものを具体的に説明して現代語訳せよ。

問五　傍線部4「公レ書」とはどのような意味か。本文の内容に即して説明せよ。

問六　傍線部5「其読レ書也必専、而其帰レ書也必速」を現代語訳せよ。

問七　二重傍線部「書非レ借不レ能レ読也」について、袁枚はなぜそのように主張したのか。本文の内容に即して一五〇字以内でまとめよ。

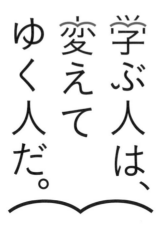

大学入試

全レベル問題集
漢　文

三羽邦美　著

3

私大・国公立大レベル

はじめに

「漢文」は、中国の古文です。日本の古文だって苦労しているのに、どうして二十一世紀にそんなものを勉強しなければならないのかと、不平の一つもこぼしたい人もいるでしょう。

ただ、日本人は、昔から中国の古典に親しみ、そこからたくさんのことを学んだり、楽しんだりしてきました。恋愛中心の日本の古典に比べて、『論語』『孟子』『老子』『荘子』『韓非子』などにはいい言葉がたくさんありますし、『史記』『三国志』『十八史略』などの歴史の本には面白い話がたくさんあり、杜甫や李白や白居易などの詩には味わい深いものがたくさんあります。と、まあ、「漢文」はなかなか面白いのですが、この本は問題集ですから、そこはすべて無視しましょう。

受験に必要である以上、点が取れるようになることが目標です。幸い、「漢文」は何が問われているのか、何をとっかかりにして問題を解けばいいのかがわかりやすい問題が多く、準備しなければならない勉強の量も比較的少ない科目です。まずは「基礎レベル」を復習して、必要に応じて、「共通テストレベル」「私大・国公立大レベル」に進みましょう。これだけやりきれば、「漢文」はきっと得点源になります。

三羽邦美

目次

編集協力 ― ㈱友人社／渡井由紀子／木村千春
校正 ― ㈱研文社／田口昌弘／荒明哲子／福岡千穂
装丁デザイン ― ㈱ライトパブリシティ
本文デザイン ― イイタカデザイン

「全レベル問題集　漢文」シリーズの特長

本シリーズは、レベル別の3巻構成で、目指すレベルに合った入試対策ができる問題集です。自分の目標とするレベルを選んで効率的に学習することができます。また、①基礎レベルからステップアップすれば、基本知識の確認からはじめて、段階的に漢文の力を身につけられます。

問題（別冊）

大学入試の過去問から、それぞれのレベルに適した良問を精選しています。基礎力から直前期の実戦力まで、レベルに合わせた力を養います。

解答・解説（本冊）

「何が問われているのか」の着眼ポイントを示したわかりやすい解説で、効果的な学習ができます。また、句法などの重要事項をまとめて示していますので、関連知識をあわせて確認でき、着実に力がつきます。

①基礎レベル……基礎編・演習編の二部構成。基礎編はオリジナル練習問題。演習編はセンター試験の過去問等7題掲載。
②共通テストレベル……共通テスト・センター試験の過去問等10題掲載。
③私大・国公立大レベル……私立大6題、国立大8題の過去問を掲載。

志望校と「全レベル問題集　漢文」シリーズのレベル対応表

本書のレベル	各レベルの該当大学　※掲載の大学名は購入していただく際の目安です。
① 基礎レベル	高校基礎～大学受験準備
② 共通テストレベル	共通テストレベル
③ 私大・国公立大レベル	［私立大学］学習院大学・青山学院大学・法政大学・明治大学・立教大学・中央大学・上智大学・早稲田大学・南山大学・同志社大学・立命館大学・関西学院大学　他 ［国公立大学］北海道大学・東北大学・東京大学・名古屋大学・大阪大学・神戸大学・広島大学・九州大学　他

本書の特長

③私大・国立大レベルは、私立大6題、国立大8題の過去問を精選して掲載しています。

解答・解説

解答
答え合わせがしやすいよう、項目ごとに、最初にまとめて示しています。

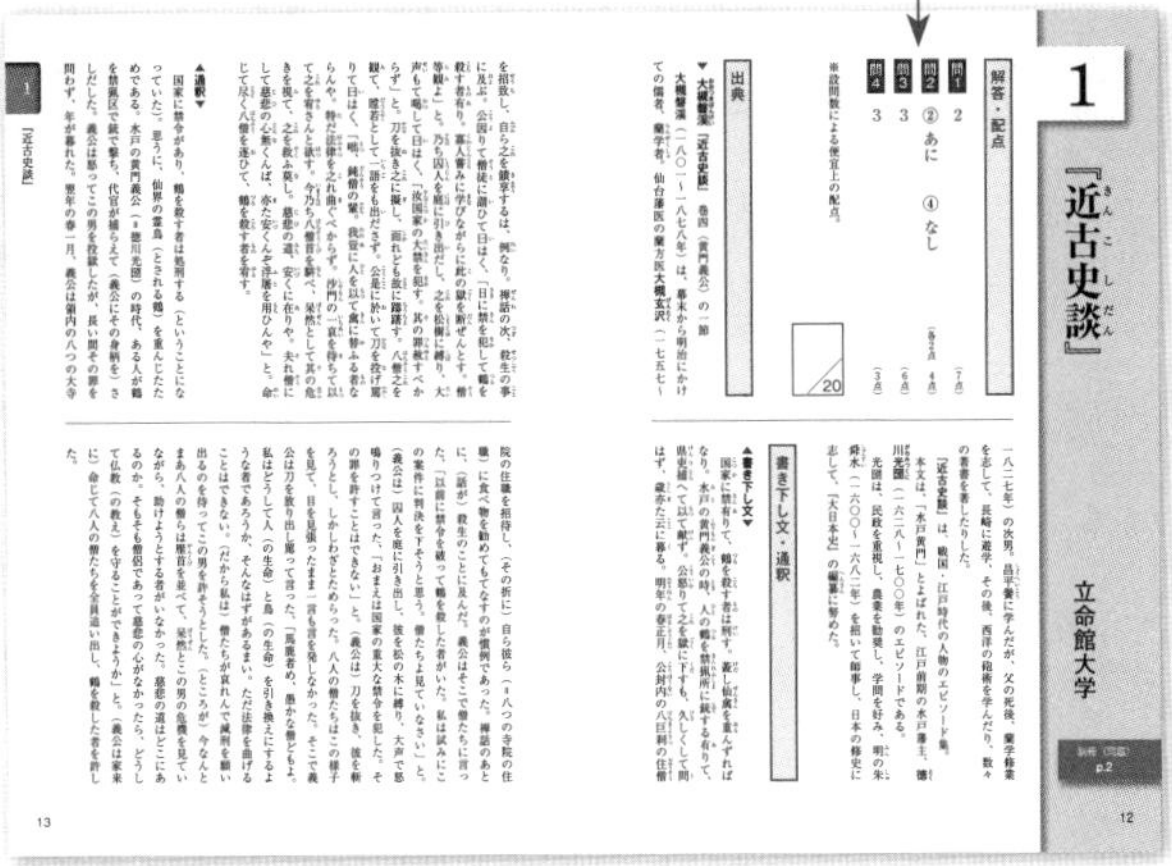

重要事項のまとめ
「句法」などの重要な基本ルールが確認できるので、応用力が身につきます。

着眼ポイント
解法の着眼点を、すべての設問につけました。「何が問われているのか」を把握して、解答を考えるよう心がけましょう。

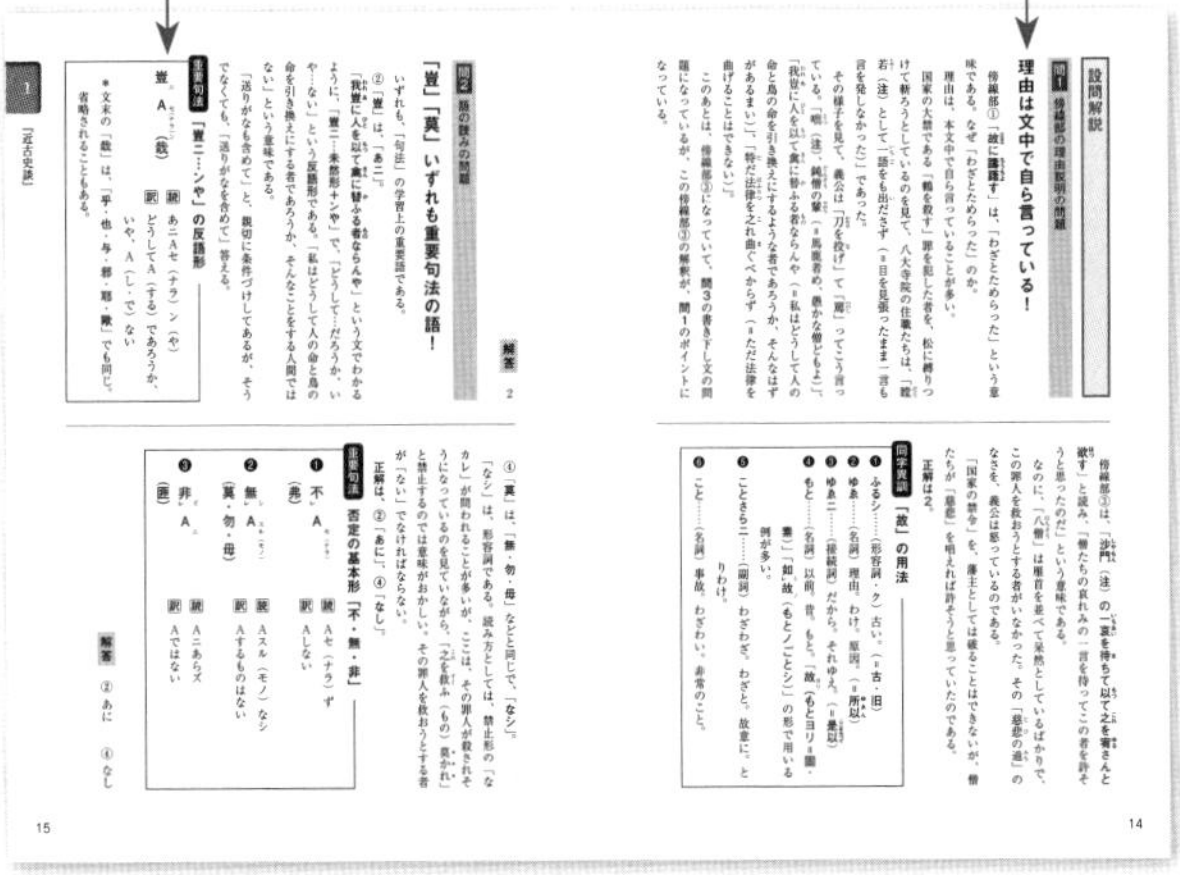

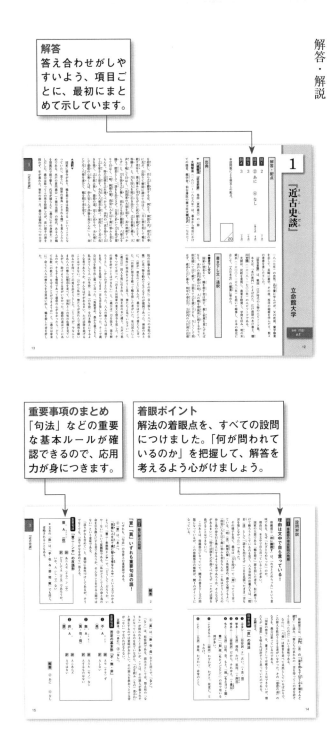

難関私大・国公立大の漢文─傾向と対策

私大は各志望校の出題の特徴をつかむ

私立大では、漢文の出題校はそれほど多くはない。

ただ、文学部だけで出るというわけでもなく、近年は入試の方式の複雑化も相まって、各自が、自分が受験しようと考えている大学の、入試方式をよくチェックして漢文の出題の有無を確認する必要がある。

私立大の漢文は、**基本的には選択肢型の問題**がほとんどであるが、ごくまれに記述問題もある。

また、問題文の分量も、共通テストや多くの国公立大に比べて短い大学もあれば、かなり長いものが出る大学もある。選択肢型ではあるが、上智大や南山大のように、見かけの上で設問数の多い大学もあり、設問の傍線部に返り点や送り仮名が付かないケースも意外に多い。

つまり、私立大の漢文は、各大学によってそれぞれの出題のしかたの特徴が大きい。志望大学の過去問をしっかり演習しておくことが大切である。

国公立大は記述解答の訓練の蓄積を！

私立大に比べ、**国公立大**は個別試験で漢文を課す大学が多いが、山形大・宇都宮大・一橋大・富山大・京都大・高知大・大分大などのように、漢文を出題しない大学もある。

ただ、国公立大の受験には、**共通テスト**の受験が必須であるから、その段階で漢文は必要である。

私立大とは逆に、国公立大の漢文は、**基本的に記述型の問題**であるが、九州大の文学史問題など、ごくまれに選択肢問題もある。

共通テストのような、答を選択肢の中から見つければよい問題に比べて、記述型になると、より正確な知識や問題文全体の読解力が求められ、たとえば名古屋大に必出の一五〇字の記述になると、表現力も求められる。

当然のことであるが、国公立型の記述対策も、やはり過去問による演習の蓄積しかない。

読解力・解答力の土台は「句法」の力！

選択肢型であれ、記述型であれ、問題本文の読解力、設問に対する解答力の土台は、「**句法（句形）**」に尽きる。

主な「句法」については、網羅して学ぶには、学校で使っている「句法」のテキストやドリル、あるいは、自力で、『基礎からのジャンプアップノート　漢文句法・演習ドリル』（旺文社）のようなもので勉強しなければならない。

[1]～[14]の解説ページにも、[1]に**否定の基本形**、[10]に**二重否定**、[7]・[10]・[12]に**不可能形**、[1]・[2]・[5]・[7]・[11]・[13]・[14]に**反語形**、[2]・[4]・[7]・[8]に**使役形**、[4]に**受身形**、[4]・[11]に**抑揚形**、[14]に**累加形**、[4]・[11]・[12]・[13]に**仮定形**、[13]に**比較形**など、いろいろな**「型にはまった」**形が **重要句法** としてまとめてある。

こうした、「型にはまった」形がわかっていれば、選択肢型であれば一発で答が出ることもあり、記述型であれば、「型」に着眼するところから、そこにからんでくる用言の活用などを考えて答を作ってゆくことになる。

そのほか、[6]にまとめてある「与」や、[11]にある「為」のような、用法の多い **同字異訓** や、[13]にまとめた接続語など、知識の充実に生かしてもらいたい。

基本の「き」を疎かにしない！

「句法」の「型」をとっかかりにして、国公立大に多い、返り点・送り仮名の省略された傍線部を「書き下し文」にしたり、「現代語訳（解釈）」したりする場合、大切なことがいくつかある。

一つめは、古文で勉強している**「古典文法」の力**である。とくに大事なのは、**用言（動詞・形容詞・形容動詞）の活用**と、**助動詞の活用**、**助詞・助動詞の接続**である。

動詞は、漢文では（たとえば二字の熟語など）サ変動詞が多用され、四段・上一段・上二段・下一段・下二段活用はふつうに用いる。カ変動詞の「来《く》」は、漢文では「来たる（ラ・四段）」で、ナ変動詞の「死ぬ」は、漢文では「死す（サ変）」（「往《い》ぬ」は用いない）、ラ変動詞は、「あり」「をり」のみ用い、「侍り・いまそかり」はない。

助動詞は、漢文では、否定（打消）の「ず（不・弗）」、使役の「しム（使・令・遣・教）」、受身の「る・らる（見・為・被）」、推量・意志・当然・可能などの「べシ（可）」、断定の「なり（也）・たり（為）」、比況の「ごとシ（如・若）」を用いる。これらの接続と、それ自体の活用ができる必要がある。

ヲニトあったら返る ― 漢文の五文型

二つめは、**漢文の構造**についての知識である。
漢文には、五つの基本構造がある。

Ⅰ　主語ハ(ガ)―述語スル(デアル)
Ⅱ　主語ハ(ガ)―述語スル二―目的語ヲ一
Ⅲ　主語ハ(ガ)―述語スル(デアル)二―(於)補語ニ(ト・ヨリ・ヨリモ)一
Ⅳ　主語ハ(ガ)―述語スル(デアル)二―目的語ヲ―(於)補語ニ(ト・ヨリ)一
Ⅴ　主語ハ(ガ)―述語スル二―(於)補語ニ(ト)―目的語ヲ一

主語は、省略されていたり、傍線部の冒頭にはない場合もある。しかし、とにかく右の構造が念頭にあれば、述語になる語を判断し、下の語に送り仮名「ヲ・ニ・ト(・ヨリ・ヨリモ)」を付けて述語に返るのだということがわかるのである。

再読文字・返読文字・置き字

三つめは、一字を二度読む「**再読文字**」、必ず返って読む「**返読文字**」、読まない「**置き字**」の知識である。

再読文字は、「**未・将・且・応・当・宜・須・猶・由・盍**」の十文字しかない。[2]・[3]・[6]・[7]・[9]・[11]・[12]にまとめがあるが、絶対に覚えなければならない。

返読文字の主なものは、否定の「**不**《ず》・**非**《あらズ》・**無**《なシ》」、「無」の対義語の「**有**《あり》」、使役の「**使**《しム》・**令**《しム》・**遣**《しム》・**教**《しム》」、受身の「**見・為・被**(る・らル)」、可能・命令などの「**可**《べシ》」、仮定の「**雖**《いへどモ》」、比況の「**如**《ごとシ》・**若**《ごとシ》」、断定の「**為**《たり》」など、助動詞が多い。また、「**多**《おほシ》・**衆**《おほシ》」「**少**《すくなシ》・**寡**《すくなシ》・**鮮**《すくなシ》」、「**易**《やすシ》」「**難**《がたシ》」などの形容詞、格助詞の「**自**《より》・**従**《より》」、「**与**(と・より)」、名詞「**所**《ところ》」「**所以**《ゆゑん》」などがあり、それぞれ、どのような品詞、活用形から返読するかが大事である。

置き字は、直前部分の送り仮名「テ・デ・シテ・ドモ」などの接続助詞のはたらきをする「**而**《ジ》」が最も重要である。[3]・[8]にまとめがある。下にくる補語の送り仮名「ニ・ト・ヨリ・ヨリモ」のはたらきをする「**於**《オ》・**于**《ウ》・**乎**《コ》」も大事であり、他に、文末に置いて断定・強調の意を添える「**矣**《イ》・**焉**《エン》・**也**《ヤ》」などがある。

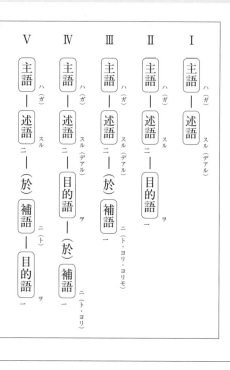

「知識」でとりかかれる問題を探せ！

漢文の問題は、傍線部や空欄が、何を問おうとしているかが見えやすい問題がたいへん多い。

よって、まず問題を見渡して、「漢字の読み」はもちろん、「句法」の「**知識**」で答が絞れたり、答へのとっかかりにできそうな問題がないかをチェックする。

たとえば、私大型であれば、[4]の早稲田大の問一に空欄補充問題がある。

雖 他 人 □ 愛 之、況 父 母 乎

選択肢には、「猶」「何」「不」「凡」「使」「初」があるが、これは、下に「況ンヤ…ヲや」があるから、「猶」しかないのであり、即、わかるかどうかの問題である。

国公立型でも、たとえば[9]の北海道大の問二の書き下し文の問題では、傍線部は次のようである。

此 且レ 有二 火 災一

ここは、「且」が「将」と同じ、「まさニ…ントす」と読む再読文字で、「ン」は未然形に付くから「有らんとす」であり、「有」は名詞からは送り仮名なしで返る返読文字であるという知識が必要になる。

「文脈」の中の「解答の根拠」に基づく答を！

「**漢字の読みの問題**」「**書き下し文の問題**」「**返り点を付ける問題**」「**現代語訳の問題**」「**漢詩のきまりの問題**」などの、「**知識**」系の問題でも、むろん、前後の「**文脈**（**話の流れ**）」は見なければならないが、次のような説明問題は、「**文脈**」の中（傍線部の近く）に「**解答の根拠**」を探し、その「**根拠**」に基づいた解答作りをすることが大切である。

[A] **内容説明**（…はどういうことを言っているのか）
[B] **理由説明**（…はなぜか）
[C] **心情説明**（…はどのような心情を表しているか）
[D] **趣旨説明**（…はどのようなことを言いたいのか）
[E] **主旨・要旨のまとめの問題**

東京大のように、解答欄が小さく、簡潔に答える力を求めている大学もあれば、名古屋大のように必ず一五〇字の記述が出る大学もある。志望大の過去問をしっかり演習しておくことが必要である。

1

『近古史談《きんこしだん》』

立命館大学

別冊（問題）
p.2

解答・配点

問1　2　（7点）

問2　②あに　④なし　（各2点　4点）

問3　3　（6点）

問4　3　（3点）

※設問数による便宜上の配点。

／20

出典

▼**大槻磐渓《おおつきばんけい》『近古史談』**　巻四〈黄門義公〉の一節

大槻磐渓（一八〇一〜一八七八年）は、幕末から明治にかけての儒者、蘭学者《らんがくしゃ》。仙台藩医の蘭方医**大槻玄沢《げんたく》**（一七五七〜一八二七年）の次男。昌平黌《しょうへいこう》に学んだが、父の死後、蘭学修業を志して、長崎に遊学、その後、西洋の砲術を学んだり、数々の著書を著したりした。

『近古史談』は、戦国・江戸時代の人物のエピソード集。

本文は、「水戸黄門」とよばれた、江戸前期の水戸藩主、**徳《とく》川光圀《がわみつくに》**（一六二八〜一七〇〇年）のエピソードである。

光圀は、民政を重視し、農業を勧奨し、学問を好み、明《みん》の朱《しゅ》舜水《しゅんすい》（一六〇〇〜一六八二年）を招いて師事し、日本の修史に志して、『大日本史』の編纂《へんさん》に努めた。

書き下し文・通釈

▲**書き下し文**▼

国家《こっか》に禁《きん》有《あ》りて、鶴《つる》を殺《ころ》す者《もの》は刑《けい》す。蓋《けだ》し仙禽《せんきん》を重《おも》んずればなり。水戸《みと》の黄門《くわうもん》義公《ぎこう》の時《とき》、人《ひと》の鶴《つる》を禁猟所《きんれふしよ》に銃《じゆう》する有《あ》りて、県吏《けんり》捕《とら》へて以《もつ》て献《けん》ず。公《こう》怒《いか》りて之《これ》を獄《ごく》に下《くだ》すも、久《ひさ》しくして問《と》はず、歳《とし》亦《ま》た云《ここ》に暮《く》る。明年《みやうねん》の春正月《はるしやうぐわつ》、公封内《こうほうない》の八巨刹《はちきよさつ》の住僧《ぢゆうそう》を招致《せうち》し、自《みづか》ら之《これ》を饋享《ききやう》するは、例《れい》なり。禅話《ぜんわ》の次《つぎ》、殺生《せつしやう》の事《こと》に及《およ》ぶ。公因《こうよ》りて僧徒《そうと》に謂《い》ひて曰《い》はく、「日《さき》に禁《きん》を犯《をか》して鶴《つる》を殺《ころ》す者有《ものあ》り。寡人嘗《くわじんこころ》みに学《まな》びながらに此《こ》の獄《ごく》を断《だん》ぜんとす。僧《そう》等観《らみ》よ」と。乃《すなは》ち囚人《しうじん》を庭《には》に引《ひ》き出《い》だし、之《これ》を松樹《しようじゆ》に縛《しば》り、大声《たいせい》もて喝《かつ》して曰《い》はく、「汝国家《なんぢこつか》の大禁《たいきん》を犯《をか》す。其《そ》の罪赦《つみゆる》すべからず」と。刀《かたな》を抜《ぬ》き之《これ》に擬《ぎ》し、而《しか》れども故《ことさら》に躊躇《ちうちよ》す。八僧之《はちそうこれ》を観《み》て、瞠若《だうじやく》として一語《いちご》をも出《い》ださず。公是《こうここ》に於《お》いて刀《かたな》を投《な》げ罵《ののし》りて曰《い》はく、「咄《とつ》、鈍僧《どんそう》の輩《やから》。我豈《われあ》に人《ひと》を以《もつ》て禽《きん》に替《か》ふる者《もの》ならんや。特《た》だ法律《はふりつ》を之《こ》れ曲《ま》ぐべからず。沙門《しやもん》の一哀《いちあい》を待《ま》ちて以《もつ》て之《これ》を宥《ゆる》さんと欲《ほつ》す。今乃《いますなは》ち八僧首《はちそうくび》を駢《なら》べ、呆然《ぼうぜん》として其《そ》の危《あやふ》きを視《み》て、之《これ》を救《すく》ふ莫《な》し。慈悲《じひ》の道《みち》、安《いづ》くに在《あ》りや。夫《そ》れ僧《そう》にして慈悲《じひ》の心無《こころな》くんば、亦《ま》た安《いづ》くんぞ浮屠《ふと》を用《もち》ひんや」と。命《めい》じて尽《ことごと》く八僧《はちそう》を逐《お》ひて、鶴《つる》を殺《ころ》す者《もの》を宥《ゆる》す。

▲通釈▼

国家に禁令があり、鶴を殺す者は処刑する（ということになっていた）。思うに、仙界の霊鳥（とされる鶴）を重んじたためである。水戸の黄門義公（＝徳川光圀）の時代、ある人が鶴を禁猟区で銃で撃ち、代官が捕らえて（義公にその身柄を）さしだした。義公は怒ってこの男を投獄したが、長い間その罪を問わず、年が暮れた。翌年の春一月、義公は領内の八つの大寺院の住職を招待し、（その折に）自ら彼ら（＝八つの寺院の住職）に食べ物を勧めてもてなすのが慣例であった。禅話のあとに、（話が）殺生のことに及んだ。義公はそこで僧たちに言った、「以前に禁令を破って鶴を殺した者がいた。私は試みにこの案件に判決を下そうと思う。僧たちよ見ていなさい」と。（義公は）囚人を庭に引き出し、彼を松の木に縛り、大声で怒鳴りつけて言った、「おまえは国家の重大な禁令を犯した。その罪を許すことはできない」と。（義公は）刀を抜き、彼を斬ろうとし、しかしわざとためらった。八人の僧たちはこの様子を見て、目を見張ったまま一言も言を発しなかった。そこで義公は刀を放り出し罵って言った、「馬鹿者め、愚かな僧どもよ。私はどうして人（の生命）と鳥（の生命）を引き換えにするような者であろうか、そんなはずがあるまい。ただ法律を曲げることはできない。（だから私は）僧たちが哀れんで減刑を願い出るのを待ってこの男を許そうとした。（ところが）今なんとまあ八人の僧らは雁首《がんくび》を並べて、呆然《ぼうぜん》とこの男の危機を見ていながら、助けようとする者がいなかった。慈悲の道はどこにあるのか。そもそも僧侶であって慈悲の心がなかったら、どうして仏教（の教え）を守ることができようか」と。（義公は家来に）命じて八人の僧たちを全員追い出し、鶴を殺した者を許した。

設問解説

問1 傍線部の理由説明の問題

理由は文中で自ら言っている！

傍線部①「**故《ことさら》に躊躇《ちうちよ》す**」は、「わざとためらった」という意味である。なぜ「わざとためらった」のか。

理由は、本文中で自ら言っていることが多い。

国家の大禁である「鶴を殺す」罪を犯した者を、松に縛りつけて斬ろうとしているのを見て、八大寺院の住職たちは、「瞠《だう》若《じやく》（**注**）として一語《いちご》をも出《い》ださず（＝目を見張ったまま一言も言を発しなかった）」であった。

その様子を見て、義公は「刀《かたな》を投《な》げ」て「罵《ののし》」ってこう言っている。「咄《とつ》（**注**）、鈍僧《どんそう》の輩《やから》（＝馬鹿者め、愚かな僧どもよ）」、「我豈《われあ》に人《ひと》を以《もつ》て禽《きん》に替《か》ふる者《もの》ならんや（＝私はどうして人の命と鳥の命を引き換えにするような者であろうか、そんなはずがあるまい）」、「特《た》だ法律《はふりつ》を之《こ》れ曲《ま》ぐべからず（＝ただ法律を曲げることはできない）」。

このあとは、傍線部③になっていて、**問3**の書き下し文の問題になっているが、この傍線部③の解釈が、**問1**のポイントになっている。

傍線部③は、「**沙門《しやもん》**（**注**）**の一哀《いちあい》を待《ま》ちて以《もつ》て之《これ》を宥《ゆる》さんと欲《ほつ》す**」と読み、「僧たちの哀れみの一言を待ってこの者を許そうと思ったのだ」という意味である。

なのに、「八僧《はちそう》」は雁首を並べて呆然としているばかりで、この罪人を救おうとする者がいなかった。その「慈悲《じひ》の道《みち》」のなさを、義公は怒っているのである。

「国家の禁令」を、藩主としては破ることはできないが、僧たちが「慈悲」を唱えれば許そうと思っていたのである。

正解は2。

同字異訓 「故」の用法

❶ **ふるシ**……（形容詞・ク）古い。（＝**古・旧**）
❷ **ゆゑ**……（名詞）理由。わけ。原因。（＝**所以《ゆゑん》**）
❸ **ゆゑニ**……（接続詞）だから。それゆえ。（＝**是以《ここをもつて》**）
❹ **もと**……（名詞）以前。昔。もと。「**故《ヨリ》（もとヨリ＝固・素）**」「**如《シ》レ故《ノ》（もとノごとシ）**」の形で用いる例が多い。
❺ **ことさらニ**……（副詞）わざわざ。わざと。故意に。とりわけ。
❻ **こと**……（名詞）事故。わざわい。非常のこと。

解答 2

問2 語の読みの問題

「豈」「莫」いずれも重要句法の語！

いずれも、「句法」の学習上の重要語である。

②「豈」は、「あニ」。「我《われ》豈《あ》に人《ひと》を以《もつ》て禽《きん》に替《か》ふる者《もの》ならんや」という文でわかるように、「**豈ニ…未然形＋ンや**」で、「どうして…だろうか、いや…ない」という**反語形**である。「私はどうして人の命と鳥の命を引き換えにする者であろうか、そんなことをする人間ではない」という意味である。

「送りがなも含めて」と、親切に条件づけしてあるが、そうでなくても、「送りがなを含めて」答える。

重要句法 **「豈ニ…ンや」の反語形**

豈ニ Aセ(ナラ)ン (哉)　読 あニAセ（ナラ）ン（や）　訳 どうしてA（する）であろうか、いや、A（し・で）ない

＊文末の「**哉**」は、「**乎・也・与・邪・耶・歟**」でも同じ。省略されることもある。

---

④「**莫**」は、「**無・勿・毋**」などと同じで、「**なシ**」。

「なシ」は、形容詞である。読み方としては、禁止形の「なカレ」が問われることが多いが、ここは、その罪人が殺されそうになっているのを見ていながら、「之《これ》を救《すく》ふ（もの）莫かれ」と禁止するのでは意味がおかしい。その罪人を救おうとする者が「ない」でなければならない。

正解は、②「あに」、④「なし」。

重要句法 **否定の基本形「不・無・非」**

❶ **不レ Aセ(ナラ)**　**(弗)**　読 Aセ（ナラ）ず　訳 Aしない

❷ **無シレ Aスル(モノ)**　**(莫・勿・毋)**　読 Aスル（モノ）なシ　訳 Aするものはない

❸ **非ズレ Aニ**　**(匪)**　読 Aニあらズ　訳 Aではない

解答 ②あに　④なし

問3 書き下し文の問題

文末が「宥さんと欲す」になる必要あり！

傍線部③「欲 待 沙 門 一 哀 以 宥 之」。

ポイントは、「欲」が、「…未然形＋ントほつス」と読み、「…しようとする。…しようと思う。…したいと思う」という意味であることと、「宥」が、本文末の「宥」にルビがあるように「**ゆるス**」であることである。

つまり、義公は、最終的に、鶴を殺した者を「宥《ゆる》」しているのであるから、この傍線部も、**末尾が「宥《ゆる》さんと欲《ほっ》す」**となるべきだということになる。この点に気がつけば、答は即3となるが、気づくべきポイントとしては、やや難度が高いかもしれない。

3「**沙門《しゃもん》の一哀《いちあい》を待《ま》ちて以《もっ》て之《これ》を宥《ゆる》さんと欲《ほっ》す**」は、「僧たちの哀れみの一言（＝罪人の減刑を願い出ること）を待ってこの男を許そうと思ったのだ」という意味になり、文脈にあてはまる。

3以外の選択肢は、書き下し文のように読んだ場合、次のような意味になる。

1は、「僧たちを待とうと思ったが、哀れんでこれを許した」。

2は、「僧たちを待とうと思い、哀れんでこれを許した」。

4は、「僧たちの哀れみの一言を待とうと思って、これを許した」。

5は、「僧たちに待つのは、哀れんでこれを許そうと思うからである」。

6は、「僧たちに待とうと思ったのは、哀れみをかけるにあたってこれを許すことをもってするからである」。

いずれも、その文自体の意味が通っていなかったり、文脈にあてはまらなかったりする。

正解は、3。

解答 3

問4 空欄補充の問題

疑問詞「安」の用法は超重要！

空欄は二か所ある。

[A] 在リ 哉。

[A] 用ヒン㆓浮 屠ヲ㆒ 哉。

どちらも、**文末に「哉（や）」**があるから、[A]には疑問詞が入らなければならない。とくに、二つめは文末が「…ンや」であるから、反語形をつくる疑問詞が必要である。

とすると、答は3「安」しかない。

1「**若**」は、返読しないとすれば、「なんぢ（＝おまえ）」か、仮定の「もシ」であるが、呼応する「…バ」がない。

2「**盍**」は、再読文字「なんゾ…ざル」であるから、返読していなければならない。

4「**猶**」は、「なホ」は返読しなければ、「やはり。それでもなお」であるが、文意が通らない。あるいは再読文字「なホ…（ノ・ガ）ごとシ」であるが、これも、返読する形になっていない。

5「**復**」は、「まタ」であるが、反語形をつくったりはしない。

よって、**正解は、3。**

ただし、一つめの［A］に入る「安」は、「**いづクニ**」で、「どこに…か」の**疑問形**。二つめの［A］に入る「安」は、「**いづクンゾ**」で、「どうして…だろうか、いや…ない」の**反語形**である。

重要句法　「安」の用法

❶ **安《クンゾ》A《スル》（乎）**
読　いづクンゾAスル（や）
訳　どうしてAするのか〔**疑問**〕

❷ **安《クンゾ》A《セン》（乎）**
読　いづクンゾAセン（や）
訳　どうしてAするだろうか、いや、Aしない〔**反語**〕

＊「**いづクンゾ**」は、「**寧・悪・焉・烏**」も同じ。送り仮名が「ンゾ」で「いづくンゾ」とするものもある。

＊「**乎**」は、「**哉・也・与・邪・耶・歟**」も同じ。

❸ **安《クニカ》A《スル》（乎）**
読　いづクニカAスル（や）
訳　どこにAするのか〔**疑問**〕

❹ **安《クニカ》A《セン》（乎）**
読　いづクニカAセン（や）
訳　どこにAするだろうか、いや、どこにもAしない〔**反語**〕

＊「**いづクニカ**」は、「**何・悪・焉**」も用いる。

＊文末に「乎《や》」があるときは「いづクニ…や」と読む。

解答　3

2 『王陽明全集《おうようめいぜんしゅう》』

立教大学

別冊（問題）p.8

解答・配点

問(A)	2	（4点）
問(B)	4	（5点）
問(C)	5	（5点）
問(D)	5	（5点）
問(E)	2	（5点）
問(F)	5	（6点）

※設問数による便宜上の配点。

/30

出典

▼**王陽明《おうようめい》『王陽明全集』**〈順生録之十・年譜三〉の一節

王陽明（一四七二～一五二八年）は、明《みん》の時代の思想家。名は守仁《しゅじん》、字《あざな》は伯安《はくあん》、陽明は号である。

一四九九年に進士となり、官人として、江西《こうせい》の流賊の反乱や、南昌《なんしょう》の寧王朱宸濠《ねいおうしゅしんごう》の乱などにあたり、軍事・行政面で名声を博した。

思想面では、初め**朱子学**を学んだが、朱子の学説には疑問を抱き、宋《そう》の**陸象山《りくしょうざん》**の学説にもとづいて、実践を重んじる「**知行《ちこう》合一《ごういつ》**」の説を主張した。

陽明学の祖であり、門弟が集めた王陽明の語を編集した『伝習録』は、陽明の思想を伝えるものとして、我が国でも広く読まれた。

書き下し文・通釈

▲書き下し文▼

海寧《かいねい》の董澐《とううん》、蘿石《らせき》と号《がう》す。詩《し》を能《よ》くするを以《もつ》て江湖《かうこ》に聞《き》こゆ。年六十八《としろくじふはち》、来《きた》りて会稽《くわいけい》に遊《あそ》び、先生《せんせい》の講学《かうがく》するを聞《き》き、杖《つゑ》を以《もつ》て其《そ》の瓢笠詩巻《へうりふしくわん》を肩《かつ》いで来訪《らいはう》し、門《もん》に入《い》り長揖《ちやういふ》して上坐《じやうざ》す。先《せん》生《せい》其《そ》の気貌《きばう》を異《い》として、之《これ》を礼敬《れいけい》し、之《これ》と語《かた》ること連日夜《れんじつや》なり。澐悟《うんさと》る有《あ》り。何秦《かしん》に因《よ》りて強《し》ひて拝《はい》を納《い》る。先生之《せんせいこれ》と山水《さんすい》の間《かん》を徜徉《しやうやう》す。澐日《うんひび》聞《き》くこと有《あ》り、忻然《きんぜん》として楽《たの》しんで帰《かへ》るを忘《わす》るるなり。其《そ》の郷《きやう》の子弟社友《していしやいう》皆《み》な之《これ》を招《まね》きて反《かへ》らしむ。且《か》つ曰《い》はく、「翁《をう》老《お》いたり。何《なん》ぞ乃《すなは》ち自《みづか》ら苦《くる》しむこと是《か》くのごとき」と。澐曰《うんい》はく、「吾方《われまさ》に幸《さいは》ひに苦海《くかい》を逃《のが》れ、若《なんぢ》の自《みづか》ら苦《くる》しむを憫《あは》れむや、顧《かへ》つて吾《われ》を以《もつ》て苦《くる》しむと為《な》さんや。吾方《われまさ》に鬐《き》を渤澥《ぼつかい》に揚《あ》げて羽《はね》を雲霄《うんせう》の上《うへ》に振《ふる》はんとす。安《いづく》んぞ能《よ》く復《ま》た網罟《まうこ》に投《とう》じて樊籠《はんろう》に入《い》らんや。去《さ》れ、吾将《われまさ》に吾《われ》の好《この》む所《ところ》に従《したが》はんとす」と。遂《つひ》に自《みづか》ら号《がう》して従吾道人《じゆうごだうじん》と曰《い》ふ。先生之《せんせいこれ》が記《き》を為《つく》る。

▲通釈▼

海寧の董澐は、号を蘿石といった。詩を巧みに作ることで世の中に知られていた。六十八歳のとき、会稽にやってきて、（王陽明）先生が講義をしていることを（人づてに）聞き、杖をついてヒョウタンのひしゃくとかぶりがさ、自分の詩集を肩に担いで来訪し、（王陽明の）門に入り略式の敬礼をして上座に座った。先生は彼の雰囲気と容貌を常人と異なるものがあると考え、彼に礼儀をもって相対し、彼と毎日毎晩語り合った。董澐は（王陽明の教えを）大いに理解した。（王陽明の門人の）何秦を頼って強引に入門の拝礼を行った。先生は彼と山水の間を気ままに歩き回っ（てさまざまなことを語り合っ）た。董澐は毎日先生に質問をし、楽しそうな様子で（故郷に）帰ることを忘れた。彼の故郷の子弟や詩の結社の同人は皆彼を招いて帰らせようとした。さらに「翁はもうお年です。どうしてこのように自分を苦しめていらっしゃるのか」と言った。董澐は「私は今まさに幸いなことに苦しみの多い世の中から逃れ、そなたたちが自分を苦しめているのを憐れんでいるのに、かえって私のことを苦しんでいると思うのか。私は今まさに（魚が）せびれを渤海（という巨大な場所）に高く上げ（鳥が）羽を大空の上にはばたかせようとする（ような自由な心境でいる）のだ。どうしてふたたび網に飛び込んだり、鳥かごに入ったりすることができようか。去りなさい、私はまさに私の好むところに従おうとしているのだ」と言った。かくて、「従吾道人」と名乗った。先生は彼のために記念の文を作った。

設問解説

問Ⓐ 語の意味の問題

「江湖」はズバリ「世の中」！

傍線部(1)「**江湖**《かうこ》」は、字義そのものは「川」と「みずうみ」のことであるが、熟語として、「**世間。世の中**」のことをいう重要単語。中央の朝廷に対して、「地方。いなか。民間」のことをいうこともある。

文脈から考えるというより、知っているかどうかの問題であるが、1「水郷地帯」、3「出版業界」、4「行商人仲間」、5「自然界」で詩人として「聞《き》こ」えていたというのはおかしい。

正解は、2。

解答 2

問Ⓑ 傍線部の理由説明の問題

理由は近くで言っている！

傍線部(2)「**之**《これ》**を礼敬**《れいけい》**し**」は、「董澐を礼儀をもって敬い」ということである。

王陽明が董澐にそのように接したのは、直前部、「**先生**《せんせい》**其**《そ》**の気貌**《きばう》**を異**《い》**として**」である。董澐の「気質。気性。気概。気骨。雰囲気」や「容貌」を「異《い》」と感じたということである。

「**異とす**」は、「あやしむ。不思議に思う。めずらしがる」といった意は当然あるが、「**すぐれていると認める。非凡であると認める**」という**プラス評価**に用いる場合もあることが大切である。「異才」とか「異能」といった用い方の「異」が、「すぐれた。非凡な」の意である。

よって、**正解は、4。**

各選択肢のキズをチェックしておこう。

1 董澐が海寧の地の有力者だと知り、友好的な関係を築きたかったから。

2 董澐という詩人に一度会ってみたいとかねてから思っていたから。

3 董澐が容貌とは裏腹に自分よりもはるかに年上であることに気づいたから。

4 董澐が漂わせる雰囲気や容貌からただならぬ人物であることを見て取ったから。

5 董澐が傲慢な雰囲気を帯びているので、深く関わらずにやり過ごそうとしたから。

解答 4

問(C) 傍線部の解釈の問題

「…ヲ招キテ…シム」の使役形

傍線部(3)「**招レ之反**」には、**使役**の形がある。これは、次のような形の使役形である。

重要句法 **「…ニ…シテ…シム」の使役形**

A 命ジテレ B ニ C セシム

読 AＢニめいジテCセシム
訳 AはBに命じてCさせる

＊「**Bヲ召《め》シテ・Bニ説《と》キテ・Bニ勧《すす》メテ・Bヲ遣《つか》ハシテ・Bヲ挙《あ》ゲテ**」なども同様で、何をやらせるかにあたるCを未然形にし、**送り仮名に**「**シム**」を付ける。

傍線部の場合、**A**（主語）は「其《そ》の郷《きやう》の子弟社友《していしやいう》」、つまり郷里の子弟や結社の同人たちである。**B**にあたる「**之**《これ》」は、王陽明のもとで「忻然《きんぜん》として楽《たの》しんで帰《かへ》るを忘《わす》」れている「董澐」である。**C**の何をやらせるかにあたる「反」は「かヘル（ラ・四段）」で、ここを未然形にして「シム」を付ける。

(3)は「**之《これ》を招《まね》きて反《かへ》らしむ**」と読むことになる。

郷里に戻らない董澐を「帰らせよう」としているのであるから、**正解は、5**。

4にも使役に相当する「返らせようとした」があるが、「正気に」がズレている。「正気を失っている」とまで見ているというのは失礼であろう。

解答 5

問(D) 傍線部の解釈の問題

「安クンゾ…ンや」は反語形！

傍線部(4)「**安《いづく》んぞ能《よ》く復《ま》た網罟《まうこ》**（**注14**）**に投《とう》じて樊籠《はんろう》**（**注15**）**に入《い》らんや**」は、17ページで見た、「**安クンゾ…ンや**」の**反語形**である。

直訳すると、「どうして、ふたたび網の中に身を投じたり鳥かごの中に入ったりすることができようか、いや、そんなことはできない」というようになる。

董澐は、「**吾方《われまさ》に鬐《き》**（**注11**）**を渤澥《ぼつかい》**（**注12**）**に揚《あ》げて羽《はね》を雲《うん》霄《せう》**（**注13**）**の上《うへ》に振《ふる》はんとす**（＝私は今まさに魚がせびれを渤海のような広大な海に高く上げ鳥が羽を大空の上にははばたかせようとする）」ような心境にいるのである。そのような自由な心境でいるのに、ふたたび網や鳥かごに飛び込んだりしたくない、ということである。

よって、**正解は、5**。

1　網の中に飛び込んだり鳥かごの中に入ったりするように、諸君の求めるままに喜んで帰郷したい。
2　網の中に飛び込みなおかつ鳥かごの中に入るように、あえて無理なことに挑戦したい。
3　網の中に飛び込みなおかつ鳥かごの中に入ることが無理なのと同様、帰るか留まるかは決められない。
4　網の中に飛び込むよりも鳥かごの中に入ることを選ぶのと同様、私はいつまでもここに留まりたい。
5　網の中に飛び込んだり鳥かごの中に入ったりするような状況に、もういちど身を置くことなどできない。

解答　5

問(E)　ひらがなだけの書き下し文の判断の問題

再読文字「将」は「まさニ…ントす」！

傍線部(5)「**吾 将 従 吾 之 所 好**」のポイントは、選択肢を見てすぐにわかるように、**再読文字「将」**である。

重要句法　**再読文字「将」**

将ニレ **A**セント　読　まさニAセントす
　　　　　　訳　いまにもAしようとする（しそうだ）

＊「**且**」も同様に用いる。

1　われすべからくわれのところよりこのむべしと
2　われまさにわれのこのむところにしたがはんとすと
3　われすべからくわれのこのむところにしたがふべしと
4　われまさにわれにしたがひてこのむところにゆくべしと
5　われまさにわれのところよりこのまんとすと

「**すべからク…べシ**」は「**須**」である。よって、1・3は即消去。

「**まさニ…べシ**」は「**当・応**」である。よって4も消去。

5は、「われのところよりこの」むと読んでいるが、これでは文意が通らない。よって、**正解は、2**。

「吾 将レ従二吾 之 所一レ好」と返り点が付き、「私はまさに私の好むことに従おうとしているのだ」の意。

解答　2

問(F) 本文全体の主旨を判断する問題

問(D)・(E)からの流れをとらえる！

傍線部(6)「**従吾**」は、**問(E)**の傍線部(5)の「**吾将《われまさ》に吾《われ》の好《この》む所《ところ》に従《したが》はんとす**」を言っている。

「自分の好む所に従う」の「好む所」とは、**問(D)**で見たように、「**吾方《われまさ》に鬐《き》を渤澥《ぼつかい》に揚《あ》げて羽《はね》を雲霄《うんせう》の上《うへ》に振《ふる》はんとす**」る、つまり、「魚が大海で自由に遊んだり鳥が大空を自由にはばたく」ような心境、境地を言っているのである。

それは、董澐にとって、王陽明のもとに来て、王陽明との語らいや学びを通して得られた、故郷に「帰《かへ》るを忘《わす》る」ほどの「楽《たの》」しさである。

正解は、5。

1 ×自分がいちばん好きなものはやはり詩を作ることであったと思い直し、×その道で一家をなせるように努力したいという抱負。

2 ×大自然に比べたら人間などちっぽけな存在であるから、×せめて他の人からは尊敬されるなりして付き従われたいという欲求。

3 ×自分が一切の規範を超越した特別な存在であることを悟り、×これからは世界のすべてを自分の意思に従わせようとする願望。

4 ×郷里から見放されて寄る辺がなくなった自分としては、×大好きな王陽明先生についていくしかないという諦念。

5 ○束縛から解放された自分が心から望むことにこそ真実があると考え、○それに従って生きていこうという決意。

正しい選択肢は、本文中の「**解答の根拠**」にもとづいていなければならない。

正解の5以外の、1・2・3・4は、すべて、本文中にそのようなことが書かれているところがない。

解答 5

3

『史記《しき》』

法政大学

別冊（問題）p.16

解答・配点

問一 a より　b しかれども　c ことごとく　（各2点　6点）

問二 イ　（4点）

問三 オ　（4点）

問四 X エ　Y イ　（各2点　4点）

問五 ウ　（2点）

問六 自ら部下に飲食物を供し、友人も多く、王（君主）からの恩賞も私せず部下に分け与え、私事を顧みずに戦に臨んだ（夫の）趙奢に比べ、部下に敬われず、恩賞を私し、田地や邸宅を買っている（息子の）趙括を、兵法や兵事に通じてはいても、将軍として人の上に立つ器ではないと評価していた。（10点）

※設問数による便宜上の配点。

/30

出典

▼**司馬遷**《しばせん》**『史記』** 巻八十一〈廉頗《れんぱ》・藺相如《りんしょうじょ》列伝〉の一節

『史記』は、前漢の武《ぶ》帝の時代の歴史家**司馬遷**（前一四五〜前八六年ころ）の著した、上古の伝説時代から、前漢の武帝の時代までの約二千数百年の事跡を記した、中国で最初の通史。

歴代の皇帝の伝記である「本紀《ほんぎ》」、諸侯の事跡である「世家《せいか》」、歴史上特筆すべき個人の伝記である「列伝《れつでん》」を中心とした「**紀**《き》**伝**《でん》**体**」とよばれる形式で書かれており、この独創的な記述方法は以後の中国の「**正史**《せいし》」の体裁の典型となった。『史記』が正史の第一で、以下、『**漢書**《かんじょ》』『**後漢書**《ごかんじょ》』『**三国志**《さんごくし》』と続き、『明《みん》史《し》』までを「**二十四史**《にじゅうしし》」と呼ぶ。歴史書として、古来最もすぐれたものとされるが、文学的にも評価が高い。

司馬遷は、若いころから、太史令《たいしれい》（史官の長）であった父、司馬談《たん》の命で諸地方を旅し、古い記録などを集めた。のち、父の跡を継いで太史令となる。しかし、前九九年、匈奴《きょうど》の捕虜となった将軍李陵《りりょう》を弁護したことで宮刑に処せられ、二年後に大赦によって出獄したあとは、父の遺命であった修史の事業に没頭し『史記』を完成させた。

書き下し文・通釈

▲**書き下し文**▼

趙括《てうくわつ》少《わか》き時《とき》より、兵法《へいはふ》を学《まな》び兵事《へいじ》を言《い》ふ。以《おも》へらく天下《てんか》能《よ》く当《あ》たる莫《な》しと。嘗《かつ》て其《そ》の父奢《ちちしや》と兵事《へいじ》を言《い》ふ。奢《しや》難《なん》ずること能《あた》はず。然《しか》れども善《よ》しと謂《い》はず。括《くわつ》の母奢《ははしや》に其《そ》の故《ゆゑ》を問《と》ふ。奢《しや》曰《いは》く、兵《へい》は、死地《しち》なり。而《しか》れども括《くわつ》は易《たやす》く之《これ》を言《い》ふ。趙《てう》をして括《くわつ》を将《しやう》とせざらしめば即《すなは》ち已《や》む。若《も》し必《かなら》ず之《これ》を将《しやう》とせば、趙《てう》の軍《ぐん》を破《やぶ》る者《もの》は必《かなら》ず括《くわつ》ならんと。

括《くわつ》の将《まさ》に行《ゆ》かんとするに及《およ》びて、其《そ》の母上書《ははじやうしよ》して王《わう》に言《い》ひて曰《いは》く、括《くわつ》は将《しやう》たらしむべからずと。王曰《わういは》く、何《なに》が以《ゆゑ》ぞと。対《こた》へて曰《いは》く、始《はじ》め妾《せふ》其《そ》の父《ちち》に事《つか》ふ。時《とき》に将《しやう》と為《な》り、身《みづか》ら飯飲《はんいん》を奉《ほう》じて食《しよく》を進《すす》むる所《ところ》の者《もの》は十《じふ》を以《もつ》て数《かぞ》へ、友《とも》とする所《ところ》の者《もの》は百《ひやく》を以《もつ》て数《かぞ》ふ。大王及《だいわうおよ》び宗室《そうしつ》の賞賜《しやうし》せる所《ところ》の者《もの》は、尽《ことごと》く以《もつ》て軍吏士大夫《ぐんりしたいふ》に予《あた》ふ。命《めい》を受《う》くるの日《ひ》は、家事《かじ》を問《と》はず。今括一旦将《いまくわついつたんしやう》と為《な》り、東向《とうかう》して朝《てう》するに、軍吏《ぐんり》敢《あ》へて之《これ》を仰《あふ》ぎ視《み》る者無《ものな》し。王《わう》の賜《たま》ふ所《ところ》の金帛《きんぱく》は、帰《かへ》りて家《いへ》に蔵《ざう》し、而《しか》うして日《ひ》に便利《べんり》の田宅《でんたく》の買《か》ふべき者《もの》を視《み》て之《これ》を買《か》ふ。王以《わうもつ》て其《そ》の父《ちち》に何如《いかん》と為《な》す。父子《ふし》心《こころ》を異《こと》にす。願《ねが》はくは王遣《わうや》る勿《な》かれと。

▲**通釈**▼

趙括は幼いころから、兵法（戦略戦術）を学び、軍事について意見を述べた。（趙括は）天下に（自分に）匹敵する者などいないと思っていた。以前（趙括は）その父である趙奢と軍事について議論した。趙奢は（趙括の意見を）反駁《はんばく》して退けることができなかった。しかしよいとは言わなかった。趙括の母が趙奢にそのわけを尋ねた。趙奢は言った、「戦争とは、（生命の危険を伴った）死地である。しかし趙括はそれを軽々しく論じる。趙国が趙括を将軍にしないようにさせれば（何事もなく）済む。もし将軍にしたならば、趙軍を破滅させるのはきっと趙括であろう」と。

（趙奢の死後、将軍となった）趙括が出征しようとするそのときになって、その母親が王に上書して言った、「趙括は将軍にしてはなりません」と。王が言った、「（それは）どういうわけか」と。（趙括の母が）お答えして言った、「最初に私は（妻として）趙括の父（＝趙奢）に仕えました。当時（趙奢は）将軍となり、自ら食べ物と飲み物をまかなって食事をすすめた者は十人単位で数え、友人とする者は百人単位で数えました。君主とその一族から恩賞として賜った品々は、すべて幕僚や軍師に与えてしまいました。（出陣の）ご命令を受けた日（から）は、家のことを顧みませんでした。今趙括がにわかに将軍となり、上座について部下と対面しましても、幕僚には彼を敬って見る者は少しもおりません。王が下賜なさった金と絹は、帰って来て家に貯蔵し、手ごろな田地や邸宅で買うのによさそうなものを毎日のように視察してその田地や邸宅を買っているのです。王は（趙括を）その父と比べてどのように思われますか。父と子では心持ちが違っております。どうか王はあの子を将軍としてお遣わしにならないで下さい」と。

設問解説

問一　語の読み方の問題

「而」は順接か逆接かの判断が大事！

a「自」は、「自二少キ時一」と返読しているから、「**より**」である。「わかきときより」。返読しなければ、「みづかラ」「おのづかラ」の可能性もあるが、返読していれば「よリ」しかない。「**従・由**」も同じ。

aの**正解は**、「**より**」。

同字異訓　**「自」の用法**

❶ **みづかラ**……(副詞) 自分で。自分から。(=**親**)

❷ **おのづかラ**……(副詞) 自然に。ひとりでに。

❸ **よリ**……返読文字。…から。(=**従・由**)
基本的には、あとに続く語が、場所・時間の**起点**であることを示す。

❹ **よル**……(ラ・四段) もとづく。

b「**而**」は、さまざまな用法がある。ここでは、「兵《へい》は、死地《しち》なり(=戦争とは、(生命の危険を伴った) 死地)」であるのに、趙括は「易《たやす》く之《これ》を言《い》ふ(=軽々しくそれを論じる)」というように、**逆接**でつなぎたい文脈の中にある。

よって、後のまとめでいえば、❷のb「しかレドモ。しかルニ。しかルヲ。しかモ」の読み方がほしい。「しかモ」は漢文では逆接のことが多い。

bの**正解は**、「**しかれども**」であるが、「しかるに。しかるを。しかも」でもよい。

重要語　**「而」の用法**

❶ **置き字（読まない字）**……**接続助詞**にあたる。

a **順接**……直前の語の送り仮名「**テ・デ・シテ**」にあたる。

b **逆接**……直前の語の送り仮名「**ドモ**」にあたる。

❷ **接続詞**……文(または句)頭にある場合は読む。

a **順接**……しかシテ。しかうシテ。すなはチ。

b **逆接**……しかレドモ。しかルニ。しかルヲ。しかモ。

❸ **なんぢ**……代名詞。目下の者に対する二人称として用いる。「おまえ。そなた」(=**汝・若・爾・女・乃・你**)

c「**尽**」は、動詞としては、「つく（カ・上二段）＝尽きる。なくなる」「つクス（サ・四段）＝なくす。きわめる。出しきる」などであるが、**副詞**「**ことごとク**」が問われることが多い。「すべて。みな」の意。

「ことごとク」は、「**悉・畢・殫・咸**」でも同じであるが、「悉」は、「尽」と同じく「つクス」、「畢」は、「終」と同じく「をハル」「つひニ」、「咸」は「みな」とも読む。

c の**正解は**、「**ことごとく**」。

解答　a より　b しかれども　c ことごとく

問二　傍線部の解釈の問題

前後の文脈から意味を考える！

返り点も送り仮名もない傍線部を解釈するには、基本的にはまず読み方を考えるのであるが、ここは、なかなか難しい。

下の三文字「**莫能当**」は、「**能**」は単独で読むには「よク」であり、「**莫**」は「なシ」で、下から返ってくるとすると、「**当**」を動詞に読んで、

莫シ二能ク当タル（モノ）一　（能《よ》く当《あ》たる（もの）莫《な》し）

となる。この部分は、むしろ、句法のポイントがあるから、わかりやすい。

問題は上三文字「**以天下**」である。ふつうに考えれば、

以テ二天下ヲ一

と、「以」に返って読む。それでも、「天下について、自分に匹敵することのできる者はいない」くらいには考えられないことはないので、正答にはたどりつくかもしれないが、ここの「**以**」は、ふつうは「以為」の形で用いる「**おもヘラク**」で、上三文字は、「おもへらく天下《てんか》に」と読みたいのである。「以為（おもヘラク）」の形は32ページを参照してほしい。よって、直訳すると「（趙括自身が）思ったことには、天下に自分に匹敵することのできる者はないと」という意味になる。

幼少期から兵法を学び、父と兵事を論じても勝つような人物だったという**前後の文脈**から、選択肢を考えることもできる。**主語が**「**趙括**」**であること**もポイントである。その点から考えれば、ア・ウ・オは消去できる。エは、「以」は「ひきヰル」とも読むので可能性はあるが、「当」に「功績をあげる」意味はなく、「能」の可能の意も取れていない。

正解は、イ。

重要句法　**「能」の用法**

❶ 能《よ》ク Aス	読	よクAス
	訳	A（することが）できる
❷ 不レ能ハレ Aスル（コト）	読	Aスル（コト）あたハず
	訳	A（することが）できない
❸ 無ニ能ク Aスル（モノ）一シ	読	よクAスル（モノ）なシ
	訳	A（することが）できるものはない
❹ 能クス	読	よクス
	訳	できる

解答　イ

問三　傍線部の理由説明の問題

理由は自分で言っている！

傍線部②「然 不 謂 善」も、返り点・送り仮名が省かれているが、ここは、「**然《しか》れども善《よ》しと謂《い》はず**」である。

父趙奢から見て、趙括は、兵事を論じてかなわないほどの能力の持ち主ではある。しかし、趙奢が、妻（括の母）に傍線部②の「故《ゆゑ》（＝理由）」を尋ねられて答えている内容からすると、息子は「兵法・兵事」についてはよく学んでいるが、「よくない」と考えていることがわかる。

「**兵《へい》は、死地《しち》なり**（＝戦争とは、生命の危険を伴った死地である）。**而《しか》れども括《くわつ》は易《やす》く之《これ》を言《い》ふ**（＝それなのに、括はそれを軽々しく論じる）」と、趙奢は言っている。

この言に相当するのは、オである。

正解は、オ。

エについては、「阻止したい」にキズがある。

同訓異字　**「いフ」と読む字**

言・云・曰・謂・道

解答　オ

問四　「将」の用法の判断の問題

「将」は再読文字の用法がポイント！

「将」が質問されていて、まず受験生が考えるのは、**再読文字「まさニ…ントす」**であるが、「将」には、選択肢になっているように、いろいろな用法がある。

ア　自ラ**将**ヰテ二三千人ヲ一、為スニ中軍ト一。

読　自《みづか》ら三千人《さんぜんにん》を**将《ひき》ゐて**、中軍《ちゆうぐん》と為《な》す。

訳　自ら三千の兵を**ひきいて**、本軍とした。

イ　遣ハシテレ**将**ヲ守ラシムレ関ヲ。

読　**将《しやう》**を遣《つか》はして関《くわん》を守《まも》らしむ。

訳　**将軍**を派遣して関所を守らせた。

ウ　唯ダ**将**テ二旧物ヲ一表ハス二深情ヲ一。

読　唯《た》だ旧物《きうぶつ》を**将《もつ》て**深情《しんじやう》を表《あら》はす。

訳　せめて思い出の品**によって**深い思いを表す。

エ　人ノ**将**ニルヤレ死セント、其ノ言フコトや善シ。

読　人《ひと》の**将《まさ》に**死《し》せん**とする**や、其《そ》の言《い》ふことや善《よ》し。

訳　人がいまにも死に**そうになっている**ときに言う言葉はよい（ことを言う）。

オ　暫ク伴フ二月ト**将**ヲ一レ影。

読　暫《しばら》く月《つき》と影《かげ》**と**を伴《ともな》ふ。

訳　少しの間、月と自分の影**と**をひきつれる。

二重傍線部Xは、上に「括」（名詞・主語）があり、下に「行（ゆク）」（動詞・述語）があるから、「及二括 将レ行」と返り点が付いて、「**括《くわつ》（の）将《まさ》に行《ゆ》かんとするに及《およ》び（て）**」と読む、**再読文字**の用法である。「（将軍となった）趙括が出征しようとする時になって」という意味である。

Xの**正解は、エ**。

二重傍線部Yは、上に「為」があるから、「為レ将」と返り点が付いて、「**将《しやう》と為《な》り**」で、あとに、「**括一旦《くわついつたん》将と為り・・・**」のヒントがある。

ここは、趙括の母が、夫の趙奢が「将軍であった時」について語っている場面である。

Yの**正解は、イ**。

「将」には、選択肢ア〜オのようにいろいろな用法があるが、「ひき井ル」「もってテ」「と」などが解答として求められることは、まれであると言ってよい。

解答　X　エ　　Y　イ

問五　空欄補充問題

副詞の読み・意味は大切！

空欄[Z]は、「軍吏《ぐんり》[Z]之《これ》を仰《あふ》ぎ視《み》る者《もの》無《な》し」という文の中にある。

これは、趙括の母が、将軍となった息子の趙括について、夫（趙括の父）趙奢が将軍だった時と比較して語っている場面での言葉で、趙奢が、「身《みづか》ら飯飲《はんいん》を奉《ほう》じて食《しよく》を進《すす》むる所《ところ》の者《もの》は十《じふ》を以《もつ》て数《かぞ》へ（＝自ら食べ物と飲み物をまかなって食事をすすめた者は十人単位で数え）」るほどであったために、「友《とも》とする所《ところ》の者《もの》は百《ひやく》を以《もつ》て数《かぞ》ふ（＝友人とする者は百人単位で数えた）」というほど人望があったのと比べている部分である。

[Z]をいったん省いての訳は、「軍吏（士官・幕僚）には彼（＝趙括）を敬い仰ぐ者はいない」となる。

つまり、父（夫）趙奢が、部下を大切にし、人望があったのに比べ、**息子の趙括には人望がない**ということを言っているのである。

ここは、副詞として読む位置であるから、選択肢の読み方・意味をチェックしてみる。

ア「**再**」…**ふたたビ**（ふたたび）

イ「**漸**」…**やうやク**（しだいに。だんだんと）

ウ「**敢**」…**あへテ**（少しも。全く。強いて。決して）

エ「**倶**」…**ともニ**（いっしょに）

オ「**嘗**」…**かつテ**（以前。前に。昔）

以前に「仰《あふ》ぎ視《み》る者《もの》」がなくて「ふたたび」でもないし、「だんだん」そうなると言っているのでもない。誰かが誰かと「ともに」仰ぎ見なくなるのでもなく、「かつて」のことでもない。

「仰ぎ見る者は決していない」、あるいは「強いて仰ぎ見る者はいない」が適切で、**正解は、ウ。**

解答　ウ

問六　本文全体の主旨の判断（まとめ）の問題

母の言葉を丁寧にまとめる！

傍線部③「**王以《わうもつ》て其《そ》の父《ちち》に何如《いかん》と為《な》す**」は、「王は（趙括を）その父（＝趙奢）と比べてどのようであるとお思いですか」という意味である。

「**何如《いかん》**」は、**状況・状態・事の是非を問う疑問詞**で、「どうであるか。どのようであるか」の意。

「**以《もつ》テ…ト為《な》ス**」は、「…と思う」と訳す慣用表現で、句法とするほどの形ではないが、覚えておきたい。

慣用表現「以…為…」

❶ **以《テ》為《ス》レA《ト》**
読 もつテAトなス
訳 Aと思う
Aとする

❷ **以《テ》レA《ヲ》為《ス》レB《ト》**
読 AヲもつテBトなス
訳 AをBと思う
AをBとする

❸ **以為《ヘラク》A《ト》**
読 おもヘラクAト
訳 思ったことには、A(だ)と
A(だ)と思った

*「以」一字でも「おもヘラク」と読む(問二)。「謂」も一般に「いフ」であるが、「おもフ」とも読み、「おもヘラク」と読むことがある。

さて、趙括の母は、夫が、「**若《も》し必《かなら》ず之《これ》を将《しやう》とせば、趙《てう》の軍《ぐん》を破《やぶ》る者《もの》は必《かなら》ず括《くわつ》ならん**(=もし括を将軍にしたならば、趙軍を破滅させるのはきっと括であろう)」と言っていたのを受けて、夫と息子を比較しつつ、第二段落で次のように言っている。

〔夫・趙奢〕

ⓐ自ら部下たちに飲食物を供した。
ⓑ友人も多く、人望があった。
ⓒ王(君主)から賜った品はすべて部下に分け与えた。
ⓓ戦に臨むにあたっては私事を顧みなかった。

〔息子・趙括〕

ⓑ′部下に敬われず、人望がない。
ⓒ′王(君主)から賜った品は、すべて私物化しており、田地や宅地を買いあさっている。

右のⓐ・ⓑ・ⓒ・ⓓとⓑ′・ⓒ′の比較を答え、それゆえ、趙括は、「兵法や兵事に通じている」が、「将軍にすべきではない」と評価している、とまとめる。

次のような要素による部分点の減点法とする。

ⓐ自ら部下に飲食物を供し……1点
ⓑ友人も多く……1点
ⓒ王(君主)からの恩賞も私せず部下に分け与え……1点
ⓓ私事を顧みずに戦に臨んだ……不問
趙奢に比べ、……1点
ⓑ′部下に敬われず……1点
ⓒ′恩賞を私し……1点

田地や邸宅を買っている……………………1点
趙括を、……………………………………1点
兵法や兵事に通じてはいても……………1点
将軍として人の上に立つ器ではない………1点
と評価している。

解答

自ら部下に飲食物を供し、友人も多く、王（君主）から の恩賞も私せず部下に分け与え、私事を顧みずに戦に臨んだ（夫の）趙奢に比べ、部下に敬われず、恩賞を私し、田地や邸宅を買っている（息子の）趙括を、兵法や兵事に通じてはいても、将軍として人の上に立つ器ではないと評価していた。

4

『袁氏世範《えんしせいはん》』

早稲田大学

別冊（問題）
p.24

解答・配点

問一　イ　（4点）
問二　ロ　（6点）
問三　イ　（6点）
問四　ロ　（4点）

※設問数による便宜上の配点。

／20

出典

▼**袁采《えんさい》**『**袁氏世範**』巻上〈睦親〉の一節

袁采（生没年不詳）は、宋《そう》の時代の学者、官僚。清廉な人物として知られた。『（袁氏）世範』は随筆集。

書き下し文・通釈

▲書き下し文▼

同母《どうぼ》の子《こ》にして長者《ちやうじや》は或《ある》いは父母《ふぼ》の憎《にく》む所《ところ》と為《な》り、幼者《えうじや》は或《ある》いは父母《ふぼ》の愛《あい》する所《ところ》と為《な》る。此《こ》の理殆《ことわりほとん》ど暁《さと》るべからず。竊《ひそ》かに嘗《かつ》て其《そ》の由《よし》を細思《さいし》するに、蓋《けだ》し人生《ひとうま》れて一二歳《いちにさい》、挙動笑語《きよどうせうご》、自《おのづか》ら人《ひと》の憐《あはれ》むを得《う》。他人《たにん》と雖《いへど》も猶《な》ほ之《これ》を愛《あい》す、況《いは》んや父母《ふぼ》をや。纔《わづ》かに三四歳《さんよんさい》より五六歳《ごろくさい》に至《いた》るに、恣性啼号《しせいていがう》、多端乖劣《たたんくわいれつ》、或《ある》いは器用《きよう》を損動《そんどう》し、危険《きけん》を冒犯《ぼうはん》す。凡《およ》そ挙動言語《きよどうげんご》皆人《みなひと》の悪《にく》む所《ところ》にして、又《また》痴頑《ちぐわん》多《おほ》く、訓戒《くんかい》を受《う》けず。故《ゆゑ》に父母《ふぼ》と雖《いへど》も亦《ま》た深《ふか》く之《これ》を悪《にく》む。方《まさ》に其《そ》の長者悪《ちやうじやにく》むべきの時《とき》、正《まさ》に幼者愛《えうじやあい》すべきの日《ひ》に値《あ》たる。父母《ふぼ》は其《そ》の長者《ちやうじや》を愛《あい》するの心《こころ》を移《うつ》し、更《さら》に幼者《えうじや》を愛《あい》す。其《そ》の憎愛《ぞうあい》の心此《こころここ》に従《よ》りて分《わか》れ、遂《つひ》に迤邐《いり》を成《な》す。最《もつと》も幼者《えうじや》の悪《にく》むべきの時《とき》に当《あ》たり、下《した》に愛《あい》すべきの者無《ものな》し。父母《ふぼ》の愛移《あいうつ》る所無《ところな》く、遂終《つひ》に之《これ》を愛《あい》す。其《そ》の勢或《せいある》いは此《かく》のごとし。人《ひと》の子《こ》たる者《もの》は、当《まさ》に父母《ふぼ》の愛《あい》の在《あ》る所《ところ》を知《し》るべし。長者《ちやうじや》は宜《よろ》しく少《すこ》しく譲《ゆづ》るべく、幼者《えうじや》は宜《よろ》しく自《みづか》ら抑《おさ》ふべし。父母《ふぼ》たる者《もの》は、又《また》須《すべか》らく覚悟《かくご》し、稍稍《やや》回転《くわいてん》すべし。意《こころ》に任《まか》せて行《おこな》ひ、長者《ちやうじや》をして怨《うらみ》を懐《いだ》き幼者《えうじや》をして欲《よく》を縦《ほしいまま》にして、以《もつ》て家《いへ》を破《やぶ》るを致《いた》さしむるべからざるなり。

▲通釈▼

同じ母親から生まれた子どもであっても年上の子は父母に憎まれ、幼いほうの子は父母に愛される。この理屈はほとんど理解できない。以前、個人的にその原因について細かく考えてみたが、思うに、人は生まれて一、二歳のころは、しぐさや笑い声が、自然に人にいとおしさを感じさせる。血のつながらない他人であってもやはりかわいいと思うのだから、父母（がかわいいと思うの）は言うまでもない。（それが）やがて三、四歳から五、六歳になると、わがままで泣き叫び、いろいろ言うことを聞かなくなり、さらには器物を壊し、危ないことをする。すべての言動が誰からも憎まれ、その上ひどく愚鈍頑迷で、人の注意を聞かない。そのため父母であっても深く憎むのである。ちょうど年上の子の憎たらしい時期が、まさに幼いほうの子のかわいい時にあたる。父母は年上の子への愛情を（幼いほうの子に）移し、さらに幼いほうの子をかわいがる。父母の愛と憎しみの心はここから分かれて、そのまま折れ曲がりながら続いていく。最も幼いほうの子どもが憎らしくなった時には、その子の下には愛すべき者はいない。父母の愛情は移る先がなく、ずっとその幼いほうの子を愛する（ことになる）。そうしたありさまはともすればこのようである。人の子たる者は、父母の愛情がどこにあるかを知らなくてはならない。年上の子は多少譲るのがよく、幼いほうの子は（少しは）自分のわがままをがまんするのがよい。父母たる者は、また道理を悟り、少しずつ心を入れかえる必要がある。心に任せてふるまって、年上の子どもには恨みを抱かせ幼いほうの子どもには欲に任せた行動を取らせ、家庭の崩壊を招かせてはならない。

設問解説

問一 空欄補充問題

抑揚の公式「況…乎」がヒント！

空欄[A]を含む文は、返り点・送り仮名が省かれている。

雖 他 人 [A] 愛 之、況 父 母 乎。

この文の一つ前の文には、「**人《ひと》生《うま》れて一二歳《いちにさい》、挙動笑語《きよどうせうご》、自《おのづか》**

ら人《ひと》の憐《あはれ》むを得《う》（＝人は生まれて一、二歳のころは、しぐさや笑い声が、自然に人にいとおしさを感じさせる）」とある。

そうした、一、二歳くらいの子どもについての、「他人」と「父母」との接しようを対比させているのである。

まず、「**雖他人**」は、「雖二他人一」で、「他人《たにん》と雖《いへど》も」である。「（たとえ）他人であっても」の意となる。

重要句法　逆接仮定条件の「雖」

雖《モ》レA（ス・ナリ）ト

読　A（ス・ナリ）トいへどモ

訳　Aであっても。Aするとはいっても

＊「…ト」から返読することが読みのポイント。

＊基本的に**逆接仮定条件**であるが、「…だけれども」のように、**逆接確定条件**になることもある。

次に、[A]の直後の「**愛之**」の「之」は、その一、二歳くらいの子どもであるから、「愛レ之」で、「これヲあいス」である。

その下の、「**況父母乎**」については、「況…乎」を見てすぐに「あること」に気づかなければならない。

ここには、「**抑揚の公式**」がある。

重要句法　抑揚の公式

A《スラ》**猶**《ホ（カツ）》**B、況**《ンヤ》**C**《ヲ》**乎**
（**尚**《ホ》・**且**《ツ》）

読　Aスラなホ（かツ）B、いはンヤCヲや

訳　Aでさえ Bなのだ（から）、ましてCであればなおさら（B）だ

＊後半の「況ンヤ…ヲや」が、「**安クンゾ…ンや**」「**何ゾ…ンや**」のような**反語形**になっている形もある。

「Aスラ」にはなっていないが、「猶ホB」の形が必要であるから、**正解は、イ**。

「**他人《たにん》と雖《いへど》も猶《な》ほ之《これ》を愛《あい》す、況《いは》んや父母《ふぼ》をや**」と読むことになり、「他人であってもやはりその子をかわいいと思うのだから、まして父母であればなおさらである」の意となる。

ロ「**何**」は、「なんゾ・なんノ・なにヲカ・いづレノ・いづクニカ」などの疑問詞。「なんトナレバ（＝なぜならば）」のように、接続詞としても用いる。

ハ「**不**」は、否定の「ず」。返読文字である。

ニ「**凡**」は、「およソ」で、「総じて。一般に」「すべて。あらゆる」などの意。

ホ「**使**」は、使役の「しム」。返読文字。動詞なら「つかフ」である。

ヘ「**初**」は、「はじメ。はじメテ」。動詞なら「はじム」。

解答　イ

問二　傍線部の意味（解釈）の問題

本文冒頭の一文の趣旨に沿う！

傍線部1は返り点・送り仮名が省かれているが、「可」「値」が返読文字であること、「悪」はイコール「憎」で「にくム」であること、「幼者」は「長者」に対比されていること、「愛」はサ変動詞「愛ス」であることなど、この傍線部にいたるまでの文中に、いろいろなヒントがある。

ここは、**対句**《ついく》になっている。

方《まさニ》其ノ長者可キレ悪ム之時
＝　↔　↔
正《まさニ》値《あタル》ニ幼者可キレ愛ス之日一ニ

と読んでもよいし、

方《あタリ》ニ其ノ長者可キレ悪ム之時一ニ
＝　↔　↔
正ニ値《あタル》ニ幼者可キレ愛ス之日一ニ

と、「方」を「値」と同じ「あタル」と読むこともできる。

本文冒頭からの趣旨は一貫している。

同じ母から生まれた子どもであっても、「**長者**《ちやうじや》**は或**《あ》**るいは父母**《ふぼ》**の憎**《にく》**む所**《ところ》**と為**《な》**り、幼者**《えうじや》**は或**《あ》**るいは父母**《ふぼ》**の愛**《あい》**する所**《ところ》**と為**《な》**る**（＝年上の子は父母に憎まれ、年下の子は父母にかわいがられる）」のである。

ここには「**受身の公式**」がある。

> **重要句法**　**受身の公式**
>
> A為ル二Bノ所トレCスル
>
> 読　ABノCスルところトなル
>
> 訳　AはBにCされる

小さいころは皆かわいいのであるが、子どもはだんだん言うことを聞かなくなったりいたずらしたりするようになって、かわいいですまなくなってくる。そんなときに、「**方**《まさ》**に其**《そ》**の長者**《ちやうじや》**悪**《にく》**むべきの時**《とき》**、正**《まさ》**に幼者愛**《えうじやあい》**すべきの日**《ひ》**に値**《あ》**たる**」、つまり、年上の子が憎たらしくなるころ、ちょうど年下の子がかわいいさかりになるということである。

正解は、ロ。

解答 ロ

問三 傍線部の理由説明の問題

傍線部以外の訓点なしを読めるか

さて、傍線部2の位置からの文脈を見ていこう。

年上の子が憎たらしくなるころ、年下の子がかわいいさかりになって、小さいころにはかわいがっていた年上の子への愛情は年下の子に移ってゆく。

しかし、考えてみると、年下の子だってだんだん言うことを聞かなくなったりいたずらをしたりする年齢になるのである。傍線部2の直前部で、訓点が省かれているが、ここは

最モ幼者ノ当タリ二可キレ悪ム之時ニ一

と返り点・送り仮名がついて、「**当**」は、再読文字でなく、たびたび出てきた「**あタル**」で読む。

この子が「最《もつと》も幼者《えうじや》（＝一番年下の子）」なのであるから、

下ニ無シ二可キレ愛ス之者一。

「**無**（なシ）」も、「**可**（ベシ）」も**返読文字**であるから、右のように訓点が付いて、「**下に愛すべきの者無し**（＝その子より下にかわいがるべき者はいない）」である。

この部分の「理由」を問うているのであるが、選択肢を見ると、ほとんど傍線部そのものの内容説明になっていて、

正解は、イ。

早稲田大の漢文では、傍線部の訓点が省かれているケースが多いのであるが、傍線部にかかわっている前後の部分や、同様の表現をしているほかの位置でも訓点が省かれることが多い。そこを読めるかどうかが勝負のわかれめである。

解答 イ

問四 同義の字（語）の判断の問題

「縦」は「ほしいまま二」と読む！

漢字の「訓読み」ができるかどうかである。

「**縦**」は「**ほしいまま（二）**」と読み、「放縦」「縦横無尽」の「縦」である。「**肆・恣・侈・擅**」なども同じ。「心のまま（に）。わがまま（に）。限度なく」の意。

正解は、ロ。

「恣」は、「恣意的《しい》」などの用い方が「ほしいまま。思うがまま」の意である。

この、「読み方」の問いとも言ってよいレベルの問題も、前後の訓点が省かれている。

設問になっていないから無視してもよいが、本文の末尾の四文は、**筆者の「言いたいこと」**で、内容的には大事なところである。

「人《ひと》の子《こ》たる者《もの》は、当《まさ》に父母《ふぼ》の愛《あい》の在《あ》る所《ところ》を知《し》るべし（＝人の子たる者は、父母の愛情がどこにあるかを知らなくてはならない）」。

「長者《ちやうじや》は宜《よろ》しく少《すこ》しく譲《ゆづ》るべく、幼者《えうじや》は宜《よろ》しく自《みづか》ら抑《おさ》ふべし（＝年上の子は多少譲るのがよく、幼いほうの子は自分のわがままをがまんするのがよい）」。

「父母《ふぼ》たる者《もの》は、又須《またすべか》らく覚悟《かくご》し、稍稍回転《ややくわいてん》すべし（＝父母たる者は、また道理を悟り、少しずつ心を入れかえる必要がある）」。

ここまでには、「**当**（まさニ…スベシ）」「**宜**（よろシク…スベシ）」「**須**（すべかラク…スベシ）」と、三つの**再読文字**がある。

そして、訓点のない最後の一文であるが、ここは正しく読むのはかなり難しい。

不ㇾル可三カラ任ㇾセテ意ニ而行ヒ、使ニムル長者ヲシテ懐ㇾキ怨ヲ而幼者ヲシテ縦ㇾニシテ欲ヲ、以テ致ㇾサ破ㇾルヲ家ヲ也。

「意《こころ》に任《まか》せて行《おこな》ひ、長者《ちやうじや》をして怨《うらみ》を懐《いだ》き幼者《えうじや》をして欲《よく》を縦《ほしいまま》にして、以《もつ》て家《いへ》を破《やぶ》るを致《いた》さしむるべからざるなり」と読み、「思うままにふるまって、年上の子に恨みを抱かせ幼いほうの子にはやりたいほうだいにさせて、家庭の崩壊を招かせてはならない」というのが筆者の「言いたいこと」である。

ここには「**使役の公式**」がある。

重要句法 **使役の公式**

A 使ニム B ヲシテ C セ一　読 ABヲシテCセシム　訳 AはBにCさせる

＊「しム」は、「**令・教・遣・俾**」も同じ。

＊Bの使役の対象（誰にやらせるか）に「**ヲシテ**」という送り仮名が付くことがポイント。

解答 ロ

5

「山村五絶《さんそんごぜつ》」・『論語《ろんご》』・『東坡烏台詩案《とうばうだいしあん》』 上智大学

別冊（問題）
p.30

解答・配点

問一 d （3点）

問二 c （5点）

問三 a （4点）

問四 a （4点）

問五 c （5点）

問六 b （5点）

問七 b・d （各2点 4点）

※設問数による便宜上の配点。

/30

出典

▼**蘇軾《そしょく》「山村五絶」** 其三（『東坡全集』巻四所収）

蘇軾（一〇三六～一一〇一年）は、北宋《ほくそう》の時代を代表する詩人、文章家である。政治的には、同時代の**王安石《おうあんせき》**（一〇二一～一〇八六年）の「新法」に反対して政争の渦に巻き込まれ、地方官を転々とした。父**蘇洵《そじゅん》**、弟**蘇轍《そてつ》**とともに、「**唐宋八大家**」の一人に数えられる。

▼**『論語』** 巻第四〈述而第七〉の一節

孔子《こうし》とその門弟との問答や言行を記した書。全二十篇《へん》。弟子たちが記録を残したものに始まり、漢代に集大成された。言うまでもなく、儒教の最重要聖典であり、**『孟子《もうし》』『大学《だいがく》』『中庸《ちゅうよう》』**とともに「**四書《ししょ》**」とされる。我が国にも、応神《おうじん》天皇のころに百済《くだら》の王仁《わに》によってもたらされて以来、今日でも広く読まれている。

▼**朋九万《ほうきゅうまん》『東坡烏台詩案』**

書き下し文・通釈

▲書き下し文▼

（甲）

老翁《らうをう》七十《しちじふ》自《みづか》ら鎌《かま》を腰《こし》にす
慙愧《ざんき》す春山筍蕨《しゅんざんじゅんけつ》の甜《あま》きを
豈《あ》に是《こ》れ韶《せう》を聞《き》きて解《よ》く味《あぢ》を忘《わす》れんや
爾来三月《じらいさんげつ》食《しょく》に塩《しほ》無《な》し

（乙）

子斉《しせい》に在《あ》りて韶《せう》を聞《き》く。三月肉《さんげつにく》の味《あぢ》を知《し》らず。曰《いは》く、「図《はか》らざりき楽《がく》を為《な》すの斯《ここ》に至《いた》らんとは」と。

（丙）

意《おも》ふに山中《さんちゆう》の人《ひと》、饑貧《きひん》にして食無《しょくな》し。老《らう》と雖《いへ》ども猶《な》ほ自《みづか》ら筍《じゅん》蕨《けつ》を採《と》りて饑《うゑ》に充《あ》つ。時《とき》に塩法峻急《えんはふしゅんきふ》なり。僻遠《へきゑん》の人《ひと》塩食無《えんしょくな》く、動《やや》もすれば数月《すうげつ》を経《ふ》。古《いにしへ》の聖人《せいじん》のごときは、則《すなは》ち能《よ》く韶《せう》を聞《き》きて味《あぢ》を忘《わす》れん。山中《さんちゆう》の小人《せうじん》、豈《あ》に能《よ》く食淡《しょくたん》にして楽《たの》しまんや。以《もっ》て塩法《えんはふ》の太《はなは》だ急《きふ》なるを譏諷《きふう》するなり。

▲通釈▼

（甲）

老翁は七十歳になっても自分で鎌を腰にさして（山菜を取りに行く）
春の山のタケノコやワラビがうまいのをありがたいと思う
（ただ、孔子のように）すばらしい音楽を聴いて、ごちそうの味を忘れてしまったというわけではない
この三か月の間、食事に塩がないだけだ

（乙）

先生は斉の国で韶を聞いていた。（感動のあまり）三か月（おいしいはずの）肉の味がわからなくなった。（孔子は）言った、「思いもよらなかった、音楽を演奏することがこれほどまでに及ぼうとは」と。

（丙）

思うに山中の人（＝老翁）は、飢えて貧しくて食べ物がないのである。老いているのになおも（山に入り）自分でタケノコやワラビを採って飢えを満たしている。そのころは、塩に関する法律が厳しかった。辺鄙《へんぴ》なところに住む人は塩のある食事もないまま、ともすれば数か月を経た。孔子のような古《いにしえ》の聖人のような人は、韶を聞いて味を忘れることもできただろう。（しかし）山中の庶民はどうして味のない食事で満足できようか、いや満足できない。こうしてこの詩は塩法がひどく厳しいことを風刺したのである。

設問解説

問一 「自」の用法の判断の問題

「自」は「みづからラ」ではあるが難！

「自」は、27ページでまとめたが、「みづからラ」か、「**おのづからラ**」か、返読していれば、「**より**（＝従）」かのいずれかである。

（甲）の第一句の中の「自」は返読していないから、「**老翁**《らうをう》**七十**《しちじふ》**自**《みづか》**ら鎌**《かま》**を腰**《こし》**にす**」で、「みづからラ」である。「おのづから（＝自然に）鎌《かま》を腰《こし》にす」るのはおかしい。

各選択肢とも返り点・送り仮名がないので、どう読むかを考えなくてはならない。

a　山高ク無キレ風松**自**《おのづか》ラ響ク

b　雅志未ダレ成ラ空シク**自**《みづか》ラ歎ク

c　**自**《より》レ古《いにしへ》佳人多シ二命薄キコト一

d　陶潜**自**《みづか》ラ作ル二五柳伝ヲ一

aは「おのづからラ」、b・dは「みづからラ」、cは「より」である。b・dのどちらかになるが、単純に「自分で」になるのはd。bは「みづからラヲ（自分で自分を）」のような意味になり、ややニュアンスが異なる。

正解は、d。

解答　d

問二 傍線部の意味（解釈）の問題

「豈ニ…ンや」は反語形！

傍線部2も、訓点が省かれているが、文頭の「**豈**（あニ）」で、明らかに**反語形**であることがポイントだとわかる。

重要句法 「豈ニ…ンや」の反語形

豈ニ **A**セ(ナラ)ン **(哉)**

読 あニAセ（ナラ）ン（や）

訳 どうしてA（する）であろうか、いや、A（し・で）ない

＊文末の「**哉**」は、「**乎・也・与・邪・耶・歟**」でも同じ。省略されることもある。

(甲)の詩は、前書きにあるように、(乙)の『論語』の故事を踏まえているのであるから、

「**聞韶**」は「聞レ韶」で「韶《せう》を聞く(聞《き》きて)」

「**忘味**」は「忘二肉味一」と同じで、「味《あぢ》を忘《わす》る」

であることがわかる。

「**解**」は、「**能**」と同じであると(**注**)にあり、「ヨク」。

とすると、ここは、

豈ニ是レ聞キテレ韶ヲ解ヨク忘レンヤレ味ヲ

と訓点が付いて、「**豈《あ》に是《こ》れ韶《せう》を聞《き》きて解《よ》く味《あぢ》を忘《わす》れんや**」と読み、「どうして(孔子のように、すばらしい)音楽を聴いてごちそうの味を忘れたりするだろうか、いや、音楽を聴いて味を忘れたわけではない」という意味になる。

よって、**正解は、c**。

選択肢をチェックしてみる。

a すばらしい音楽を聴いても、その音楽の味わいを忘れてしまっては意味がない。

b すばらしい音楽を聴いて、その音楽の味わいを忘れることがあるだろうか、いや、ない。

c すばらしい音楽を聴いて、ごちそうの味を忘れてしまったというわけではない。

d すばらしい音楽を聴いても、ごちそうの味を忘れられようか、いや忘れることはない。

「音楽の味わい」ではないから、a・bは消去。dは直訳風には一見よさそうだが、「忘れられようか」が違う。

解答 c

問三 詩句の中の空欄補充問題

偶数句末の空欄は押韻《おういん》の問題!

漢詩の偶数句末の空欄は、「**押韻**」の問題である。

(甲)の詩は、一句が七文字、全部で四句の「**七言絶句《しちごんぜっく》**」である。七言の詩の場合、**第一句末と偶数句末の字で**「**押韻**」する。「押韻」とは、音のひびきをそろえることを言い、音読みしてみることで、おおむね判断ができる。

(甲)の詩では、

第一句末…**鎌**(レン・len)

第二句末…**甜**(テン・ten)

第四句末… A

であるから、「**エン・en**」というひびきでそろっていることが

わかる。

次に、選択肢の字を音読みしてみる。

a **塩**（エン・en）
b **弦**（ゲン・gen）
c **肉**（ニク・niku）
d **楽**（ラク、ガク・raku、gaku）

「エン」のひびきになるのは、a「塩」か、b「弦」であるが、これは、「食無 [A] 」から考えて、当然「塩」である。

正解は、a。

漢詩のきまり　**押韻のきまり**

五言《ごごん》の詩……偶数句末で押韻する。（まれに、第一句末も押韻することもある）

七言の詩……第一句と偶数句末で押韻する。（第一句末が押韻していないこともある）

（例）五言絶句《ぜっく》

○○┊○○○、……起句《きく》
○○┊○○●。……承句《しょう》
○○┊○○○、……転句《てん》
○○┊○○●。……結句《けつ》

（例）七言絶句

○○┊○○┊○○●、……起句
○○┊○○┊○○●。……承句
○○┊○○┊○○○、……転句
○○┊○○┊○○●。……結句

＊●は**押韻**するところ。
＊……は語句の切れめ。

解答　a

問四　返り点の付け方の判断の問題

どう読めるか、どんな意味かを考える！

「**返り点**」の問題というのは、読み方や意味に従って自分で付ける問題のほうが、付いている選択肢から選ぶ問題よりもやりやすいことが多い。

どこに目を付けるか、どう読めるか、である。

細かいポイントではあるが、**置き字**「**於**」の用いられ方がある。「於」は、補語（この場合は「斯」）の上に置かれて、

V（述語）二 **於** C（補語）一

の形で用いられ、**補語の送り仮名**「**ニ・ト・ヨリ・ヨリモ**」の

はたらきをする。

よって、「至 於 斯」の三文字は、「至ル二於斯《ここ》ニ一」のようになるのがふつうで、その点ではａかｃであるが、「於《お》いてす」と動詞にも読めるから、ｂの可能性もある。ｄのような位置になるのは無理がある。

返り点に従うと、それぞれどう読むことになるか。

ａは、「図《はか》らざりき楽《がく》を為《な》すの斯《ここ》に至《いた》らんとは（至《いた》るや）」で、「思いもよらなかった。音楽を演奏することがここまでに及ぼうとは」。

ｂは、「楽《がく》を為《な》すを図《はか》らざるの至《し》（至《いた》り）は斯《ここ》に於《お》いてするや（なり）」であろうかと思われるが、文意が取れない。

ｃは、「図《はか》らず（図《はか》らざりき）為《ため》に之《こ》れ斯《ここ》に至《いた》るを楽《たの》しむや（なり）」であろうか。これも「為《ため》に」ほか、文意が取れない。

ｄは、「楽《がく》の至《し》（至《いた》り）の為《ため》に斯《これ》を図《はか》らずや（ざるなり）」で、これも全く文意が取れない。

何らかの句法・語法のポイントによって絞ることができない場合、このように、**「どう読めるのか、そう読むとどういう意味になるのか」**を考えてみるしかない。

正解は、ａ。

解答　ａ

問五　傍線部の意味（解釈）の問題

やはり「豈…乎」の反語形がポイント！

（丙）の文章は、（乙）も踏まえて、（甲）の詩について解説したものであることは、前書きにある。

「山中《さんちゆう》の人《ひと》」は、（甲）の「老翁《らうをう》」で、「老翁《らうをう》」が「七十《しちじふ》」にもなって「自《みづか》ら鎌《かま》を腰《こし》に」して、「春山《しゆんざん》」に入り、「筍蕨《じゆんけつ》（タケノコやワラビ）」を採るのは、（丙）によれば、「饑貧《きひん》にして食《しよく》無《な》し」だからであり、その「饑《うゑ》」を充たすためにそうしているのである。

しかし、当時は「塩法峻急《えんはふしゆんきふ》」、**（注）**によれば、「塩は政府専売品で高値であったうえ、密売の取り締まりが強化されていた」ので、庶民には「塩」はなかなか手に入らなかった。それを踏まえているのが、（甲）の詩の第四句「爾来三月食《じらいさんげつしよく》に塩無《しほな》し（＝この三か月の間、食事に塩がない）」である。

「古《いにしへ》の聖人《せいじん》（＝孔子）のごときは、則《すなは》ち能《よ》く韶《せう》を聞《き》きて味《あぢ》を忘《わす》れん（＝古の聖人などは、韶を聞いて味を忘れることもできるだろう）」は、（甲）の詩の第三句（傍線部２）、つまり、（乙）の故事を踏まえている。

そして、「山中《さんちゆう》の小人《せうじん》（＝老翁）」は傍線部４だ、というのである。

ここも、**問二**（傍線部2）と同じく、**「豈…乎」の反語形**がある。

「能」は「よく」。**「食淡《しよくたん》」**は、塩がないために、食事の味がうすいことを言っているのであろう。接続助詞に相当する**置き字「而」**があるので、「淡ナリ」を連用形「淡ニ」にして、「シテ」を加えて下へ続けるために「淡《たん》にして」と読む。「楽」は文末の「…ン乎」へ続けるために、未然形にする。

置き字**「而」**については、27ページにまとめた。

よって、傍線部4は、

豈《ニ》 能《ク》 食 淡《ニシテ》 而 楽《シマン》 乎。

と訓点が付き、**「豈《あ》に能《よ》く食淡《しよくたん》にして楽《たの》しまんや」**と読む。

直訳すると、「どうして味のうすい食事を楽しむことができようか、いやできない」となる。

正解は、c。

aは、たしかに「食べ物が不足」しているが、「食淡《しよくたん》にして」の意とはズレている。

bは、「すぐれた音楽」、dも、「音楽を味わう」が間違い。「山中《さんちゆう》の小人《せうじん》」にとって、「音楽」など関係ない。

解答 c

問六 詩の趣旨を判断する問題

「譏諷《きふう》」の対象は何か？

（甲）の詩の説明としているが、（甲）の詩がどのような詩であるかを説明しているのが（丙）の文章であるから、（丙）の内容との合致をチェックする。

問五の解説で見たように、当時の「塩法《えんはふ》」の「峻急《しゆんきふ》」さによって、地方の庶民には容易に塩が届かなかった。孔子のような「聖人《せいじん》」なら、音楽を聴いて味を忘れるような境地になれようが、「山中《さんちゆう》の小人《せうじん》」は、とても塩のない味けない食事に満足できないのである。

つまり、（甲）の詩は、（丙）によれば、**「塩法《えんはふ》の太《はな》はだ急《きふ》なるを譏諷《きふう》」**しているのである。

「譏」は「そしル」であるが、それがわからなくても、「諷」が「諷刺」であることは類推できるであろう。

対象になっているのは、「塩法《えんはふ》」が「太《はな》はだ急《きふ》」だということである。**「太」**は、**「甚・苦・已・孔」**などと同じく「はなはだ」。**「急」**は、「きびしい。残酷」の意。

よって、**正解は、b。**

a　孔子のような聖人であれば、貧しい山村にも塩が行き渡るようにしてくれるはずだと詠み、為政者を風刺している。

b　孔子だったら韶でも聴いて我慢できようが、庶民には塩のない暮らしは耐えられないと詠み、政府を批判している。

c　韶を聴いて肉の味を忘れた孔子に対し、塩不足に不満を言う民衆を描き、朝廷の施策を理解しない彼らを批判している。

d　立派な人格者である孔子になぞらえて、山村の老人の貧しくとも心豊かな日常を描き、世の贅沢《ぜいたく》を風刺している。

解答　b

問七　文学史の問題

唐宋八大家は頻出ポイント！

漢文で「**文学史**」が出る大学はあまり多くない。出題されるポイントも、古文の文学史などに比べると、かなり狭いと言ってよい。

ただし、漢文の場合、いわゆる、「**文学**」**史**に限らず、孔子・孟子・荀子《じゅんし》（儒家）や、老子《ろうし》・荘子《そうし》（道家）、韓非子《かんぴし》（法家）などの「**思想**」**史**、『史記《しき》』『漢書《かんじょ》』『後漢書《ごかんじょ》』『三国志《さんごくし》』などの「正史」や、『資治通鑑《しじつがん》』『貞観政要《じょうがんせいよう》』や『十八史略《じゅうはっしりゃく》』などの「**史書**」なども、「文学史」としてまとめている。

「文学」史では、**唐代の詩人**についてが最大のポイントであるが、「**唐宋八大家**」とよばれる名文家たちも、大きなポイントである。

文学史　**唐宋八大家**

唐……韓愈《かんゆ》・柳宗元《りゅうそうげん》

宋……欧陽脩《おうようしゅう》・蘇洵《そじゅん》・蘇軾《そしょく》・蘇轍《そてつ》
王安石《おうあんせき》・曽鞏《そうきょう》

唐宋八大家は、美文の流行に反対し、文章は内容が大切だ、春秋戦国から秦・漢の時代の「**古文**」に返れと唱えた。

正解は、b「**白居易《はくきょい》**」、**d**「**司馬光《しばこう》**」。

白居易は、中唐の時代の詩人。司馬光は、蘇軾・王安石らと同じ北宋の時代の人で、『資治通鑑』の編者である。

解答　b・d

6

「落歯《はおつ》」

南山大学

別冊（問題）
p.38

解答・配点

問1 エ （3点）
問2 イ （3点）
問3 エ （3点）
問4 イ （3点）
問5 ア （3点）
問6 ウ （3点）
問7 エ （3点）
問8 ウ （3点）
問9 イ （6点）

※設問数による便宜上の配点。

／30

出典

▼**韓愈《かんゆ》「落歯」**（『昌黎《しょうれい》先生集』巻四〈古詩〉所収）

韓愈（七六八～八二四年）は、中唐の時代の詩人、文章家、思想家。字《あざな》は退之《たいし》、号は昌黎。

詩人としては、同じ中唐の**白居易《はくきょい》**（七七二～八四六年）、盛唐の大詩人、**李白《りはく》**（七〇一～七六二年）、**杜甫《とほ》**（七一二～七七〇年）とともに、「**李杜韓白《りとかんぱく》**」と称された。

文章家としては、これも同時代の**柳宗元《りゅうそうげん》**（七七三～八一九年）とともに、文章は内容を重んじるべきだとして、春秋・戦国から漢代の「古文」に返れという「古文復興運動」を推進した。韓愈、柳宗元に、宋《そう》の時代の、**欧陽脩《おうようしゅう》**・**蘇洵《そじゅん》**・**蘇軾《そしょく》**・**蘇轍《そてつ》**・**王安石《おうあんせき》**・**曽鞏《そうきょう》**を加えた八人の古文家を「**唐宋八大家**」という。

韓愈は、思想家としては儒教を尊び、とくに孟子《もうし》の功績を賞賛している。

書き下し文・通釈

▲書き下し文▼

歯《は》落《お》つ

去年《きよねん》一牙《いちが》落《お》ち　今年《こんねん》一歯《いつし》落《お》つ
俄然《がぜん》として六七《ろくしち》落《お》ち　落勢《らくせい》殊《こと》に未《いま》だ已《や》まず
余存《よぞん》皆《み》な動揺《どうえう》すれば　尽《ことごと》く落《お》ちて応《まさ》に始《はじ》めて止《や》むべし
憶《おも》ふ初《はじ》め一《いつ》の落《お》ちし時《とき》　但《た》だ豁《くわつ》として恥《は》づべしと念《おも》ふ
二三《にさん》落《お》つるに至《いた》るに及《およ》び　始《はじ》めて憂《うれ》ふ衰《おとろ》へて即《すなは》ち死《し》せんと
一《いつ》の将《まさ》に落《お》ちんとする時毎《ときごと》に　懍懍《りんりん》たること恒《つね》に己《おのれ》に在《あ》り
叉牙《さが》物《もの》を食《く》らふを妨《さまた》げ　顚倒《てんたう》水《みづ》に漱《くちす》ぐを怯《おそ》る
終焉《しゆうえん》我《われ》を捨《す》てて落《お》つれば　意《い》崩《くづ》るる山《やま》と比《たぐひ》す
今来《こんらい》落《お》つること既《すで》に熟《じゆく》し　落《お》つるを見《み》れば空《むな》しく相似《あひに》たり
余存《よぞん》二十《にじふ》余《あま》り　次第《しだい》に落《お》つるを知《し》る
儻《も》し常《つね》に歳《とし》ごとに一《いつ》落《お》つれば　自《おのづか》ら両紀《りやうき》を支《ささ》ふるに足《た》る
如《も》し其《そ》れ落《お》ちて併《あは》せて空《むな》しければ　漸《ぜん》なると亦《また》指《し》を同《おな》じくす
人《ひと》言《い》ふ歯《は》の落《お》つるや　寿命《じゆみやう》理《り》として恃《たの》み難《がた》しと
我《われ》言《い》ふ生《せい》に涯《かぎ》り有《あ》り　長短《ちやうたん》倶《とも》に死《し》するのみと
人《ひと》言《い》ふ歯《は》の豁《くわつ》なるや　左右《さいう》驚《おどろ》きて諦《つまび》らかに視《み》ると
我《われ》言《い》ふ荘周《さうしう》が云《い》はく　木雁《もくがん》各《おのおの》喜《よろこ》ぶところ有《あ》りと
語訛《ごくわ》なれば黙《もく》すること固《もと》より好《よ》く　嚼《か》むこと廃《すた》るれば軟《やは》らかきも還《また》美《び》なり
因《よ》りて歌《うた》ひて遂《つひ》に詩《し》を成《な》す　持《ぢ》して用《もつ》て妻子《さいし》に詫《ほこ》らん

▲通釈▼

歯が抜ける

去年奥歯が一本抜け　今年前歯が一本抜けた
たちまちのうちに六本七本と抜け　抜ける勢いはいっこうに止まらない
残っている歯もどれもぐらぐらで　ぜんぶ抜けてやっとおしまいになるのだろう
思えばはじめて一本が抜けたときは　すき間が開いて恥ずかしいと思った
二本三本と抜けるにつれ　衰えてもうすぐ死ぬのではないかと心配になった
一本が今にも抜けようとするたびごとに　恐れおののく気持ちが常に自分にあった
がたがたと不揃《ふぞろ》いではものを食べるのにも具合が悪く　ぐらぐらして（取れそうで）水で口をすすぐのも心配した
（その歯が）とうとう私を見捨てて抜けてしまうと　思いは山が崩れたかのようであった
（ところが）近ごろは抜けることにすっかり慣れて　抜けた

のを見るとただまたかと思うだけだ
残っている二十本余りも　次第に抜けていくことだろう
もしずっと毎年一本抜ければ　自然と二十四年をもちこたえることができる
もし（一度に）抜けてすべてなくなっても　徐々に抜けていくのとやはり趣旨は同じである
人は言う「歯が抜けると　寿命のほうも道理としてあてにしがたくなる」と
私は言う「生きることには限りがあり　長くても短くてもどっちみち死ぬのだ」と
人は言う「歯にすきまがあると　周囲の人は驚いてしげしげと見る」と
私は言う「荘子の言葉には『（同じ役立たずでも、木材にできない）木は生き残り、鳴かない雁は殺された。何が幸いとなるかはそれぞれで、一概には言えない』とある」と
（私も歯がなくて）正しい発音ができないので黙っていることはまことに好ましく　かむことが衰えたのでやわらかいものがいっそうおいしく感じるのだ
そこで歌ってとうとう詩を作った　（その詩を）手にしてそれで妻子に自慢しよう

設問解説

問1　傍線部の意味（解釈）の問題

「已」は動詞「やム」！

傍線部①は、返り点・送り仮名が省かれている。

第一句から、直前の第三句までの、「**去年《きよねん》一牙《いちが》落《お》ち　今年《こんねん》一《いっ》歯《し》落《お》つ　俄然《がぜん》として六七《ろくしち》落《お》ち**（＝去年奥歯が一本抜け　今年前歯が一本抜けた　たちまちのうちに六本七本と抜け）」という流れから考えれば、「**落勢**」は「らくせい」で、すべての選択肢に共通しているように、「歯が抜ける勢い」である。

「**殊**」は「**ことニ**」で、「とくに。とりわけ」「その上。なお」の意。この部分の取り方がやや難しいところである。

「**未已**」は「**未**」が「**いまダ…セず**」と読む**再読文字**であるから、「**已**」は動詞で、「**やム**」。「未レ已」と返り点が付いて、「未《いま》だ已《や》まず」となる。

よって、「歯が抜ける勢いはなお止《や》まない」という意味であるから、**正解は、エ**。

ア「他の人とそう違わない」、ウ「かつてないほど」は明らかに間違い。イ「とりわけはなはだしい」は、「殊」と「已」の意味だけでいえば微妙であるが、「未」の要素がない。

「已」は、用法の多い重要語である。

同字異訓　「已」の用法

❶ すでニ……（副詞）すでに。もう。（＝既）
❷ すでニシテ……（副詞）やがて。まもなく。（＝既）
❸ やム……（マ・四段）止む。おわる。（＝止・休・罷）
（マ・下二段）止める。おえる。
❹ のみ……文末で**限定・強調**を表す。（＝耳・爾）
❺ はなはダ……（副詞）非常に。（＝甚・苦・太・孔）

解答　エ

問2　傍線部の意味（解釈）の問題

再読漢字「応ニ…ベシ」は推量！

傍線部②も、返り点・送り仮名が省かれている。

「尽」は、すべての選択肢が「ぜんぶ」になっているように、**「ことごとク」**（＝**悉・畢・殫・咸**）。

「**落**」も、歯が「抜ける」意で、「落《お》ちて」。

「**応**」は**再読文字**「**まさニ…（ス）ベシ**」で、「きっと…だろう」と推量を表す。

「**始**」は、ここでは、「尽く落ちてはじめて」のような表現で「**はじメテ**」。

「**止**」は傍線部①（問一）にあった「已」と同じで、「**やム**」。「応《まさ》ニ…止《や》ムベシ」で、「きっと止まるのだろう」という意味になる。

尽ク落チテ応ニシ二始メテ止ム一

と訓点が付いて、「**尽《ことごと》く落《お》ちて応《まさ》に始《はじ》めて止《や》むべし**」と読み、直訳すると「ぜんぶ抜けてはじめてきっと止まる（おわる）のだろう」となるので、**正解は、イ**。

アは、「抜ける前に」「抑えたい」、ウは、「もう生えてくるはずがない」、エは、「もはや止めるすべなどない」が、それぞれキズである。

重要句法　再読文字「応」

応ニシレAス　読 まさニAスベシ
　　　　　　訳 きっとA（する）だろう

＊「当（まさニ…ベシ）」と同じく、「…しなければならない」のように訳すこともある。

解答　イ

6
「落歯」

与えられた訳から読む順序を考える！

意味が与えられているから、その訳し方が、傍線部③のどの字に相当するかを考えて、読む順序と返り方、返り点をさぐっていくことになる。

「**二本三本と**」は、当然「二　三」である。

「**抜ける**」が「**落**」であることも、言うまでもない。

「**…につれ**」にあたるのは、「**及　至**」しかないが、「至（いたル）」も「及（およブ）」も動詞である。

第九句だけを考えると、アでは、冒頭の「及　至」に返り点がなく、「及《およ》び至《いた》り」か「及《およ》び至《いた》つて」とでも読むしかないが、与えられた訳にそぐわない。イ・ウは、「及」に下点があって、「至」には返り点がないから、「至《いた》つて」から読み始めることになるが、「至《いた》つて」は「はなはだ。きわめて。非常に」の意になるから、これも、与えられた訳にそぐわない。

ということは、この段階で、**正解は、エ**。

及レ　至レ　落二　二　三一

と返り点が付いて、「**二《に》三《さん》落《お》つるに至《いた》るに及《およ》び**（て）」と読むことになる。

となると、第十句は、エのように、

始　憂　衰　即　死

と、返り点がないのが正解ということになる。「**始《はじ》めて憂《うれ》ふ衰《おとろ》へて即《すなは》ち死《し》せんと**（死するを）」と読む。

設問に与えられた訳では、末尾が「…と心配になった」とある。「心配する」は「憂」であるから、ここは

始　憂二　衰　即　死一

と返り点を付けて、「始《はじ》めて衰《おとろ》へて即《すなは》ち死《し》せんことを憂《うれ》ふ」と読むこともできる。

「**即**」は「**すなはチ**」で、与えられた訳では「もうすぐ」となっている。

同訓異字　**「すなはチ」と読む語**

❶ **則**……「…レバ則チ」と用いることが多い。古文の「已然形＋ば」の「…すると」にあたる。
❷ **乃**……そこで。そして。なんと。これこそ。
❸ **即**……すぐに。そのまま。とりもなおさず。
❹ **便**……たやすく。すぐに。そのまま。そこで。
❺ **輒**……そのたびごとに。いつも。

解答 エ

問4 傍線部の書き下し文の判断の問題

再読文字「将」は「まさニ…ントす」！

冒頭の「毎」は副詞としては、ア・ウのように「**つねニ**」と読む。「**常・恒**」と同じである。また、返読して「**毎レA**」と用いた場合は「A（スル）**ごとニ**」と、イ・エのように読む。よって、「毎」では判断できない。

この傍線部④のポイントは、言うまでもなく「**将**」である。「将」については、30ページで見たように、いくつかの用法があるが、圧倒的に重要なのは、**再読文字**「**まさニ…ントす**」の用法である。

重要句法 **再読文字「将」**

将ニレ A セント　読 まさニAセントす　訳 いまにもAしようとする（しそうだ）

＊「**且**」も同様に用いる。

選択肢は、すべて「**将**《まさ》**に**」とは読んでいる。

ポイントは、「**…んとす**」があるかどうかで、これだけで、答はイ・エに絞られる。

エは、「時《とき》に落《お》ちんとする」の意味が取れない。

正解は、イ。

毎ニ二 一ノ 将ニルレ 落チント 時一

と訓点が付き、「一本が今にも抜けようとするたびごとに」の意になる。

解答 イ

問5 傍線部の意味（解釈）の問題

「熟す」は「慣れる」の意！

「返り点・送り仮名は省いてある」とあるが、傍線部⑤を含む第十七句は、返り点はなく、「**今来**《こんらい》**落**《お》**つること既**《すで》**に熟**《じゅく》**し**」である。

「**今来**」は、「いままで。いまにいたるまで」「現在。いま」の意。ここは「いままでは」の意。

「**既**」は、「すでニ」で、いろいろな用法があるが、ここでは、「もはや。もう。とっくに」「すっかり。ことごとく」の意で考えたい。

「**熟**」は、「煮る。煮える」「うれる。実る（熟柿《じゅくし》）」「慣れる。慣らす（習熟・熟達・熟練）」「十分（完全）な状態に達する（熟睡・熟知・円熟・成熟）」のように、いろいろな用法があるが、ここは、「慣れる」意。

つまり、歯が抜け始めたときは、いろいろな感情を抱いたのだが、「近ごろは抜けることにすっかり慣れて」という意味である。

直後の、「**落《お》つるを見《み》れば空《むな》しく相似《あひに》たり**」（＝抜けたのを見るとただまたかと思うだけだ）」への続きぐあいを考えても、アが適当であろう。

ウの「もううんざりだ」は気持ち的には微妙であるが、「熟」の字義にはそぐわない。

正解は、ア。

解答　ア

問6　空欄補充問題

「紀」の（注）を見逃すな！

空欄[X]は、奇数句末であるから、ここは、「押韻《おういん》」の問題ではない。

空欄を含んだ第二十一句は、「儻《も》し常《つね》に歳《とし》ごとに[X]落《お》つれば」で、「もし常に年ごとに[X]抜けたら」である。

とすると、ア「命」は入らない。

イ「牙（奥歯）」か、ウ「一（一本）」か、エ「二（二本）」かである。

直前の二句には、「**余存《よぞん》二十余《にじふあま》り　次第《しだい》に落《お》つるを知《し》る**」（＝残っている歯は二十本余り、それも次第に抜けてゆくだろう）」とある。つまり、現在残っている歯は二十本余りである。

直後の句には、「**自《おのづか》ら両紀《りやうき》を支《ささ》ふるに足《た》る**」とあり、「紀」には、「十二年」という（**注**）が付いている。「両」は「二」であるから、「両紀」は「二十四年」になる。「自然と、二十四年をもちこたえることができる」のような意味になる。

「**紀**」は、十二支の一めぐり、つまり十二年をいう語。もちろん、「二十世紀」のように「百年」をいうこともあるが、ここは（**注**）を見逃さないようにしたい。

現在「二十本余り」残っている歯が、年ごとに[X]抜けたら「二十四年」もちこたえられる、であるから、「一本」ずつでなくてはならない。

正解は、ウ。

解答　ウ

問7 「与」の用法の判断の問題

「与」は漢文学習者の最重要語！

傍線部⑥「与」を含む句は、送り仮名が省かれていて、どう読むのか、なかなか難しい。

「与」は、漢文の受験勉強では、最も重要な語の一つで、少し詳しくまとめておきたい。

同字異訓 **「与」の用法**

❶ **と**……「A《ト》与レB」の形で、AとBとを並べる意。

貧《ト》**与**《ハ》レ賤是レ人之《の》所レ悪《にくム》也。

（貧乏と卑賤《ひせん》とは、人が誰でも嫌がるものである）

❷ **と**……「与レA」の形で、従属的にともに行動するものを表す。

与二将軍一攻レ秦《しんヲ》。

（将軍とともに秦を攻める）

❸ **ともニ**……「与《ニ》レA《ト》〜」の形で、「Aといっしょに」。

与《ニ》レ君《ト》行《ク》。

（君といっしょに行く）

❹ **ともニス**……（サ変）「与《ニス》レA《ト》」で「Aといっしょにやる（ともにする）」。

与《ニス》二汝《ト》行《ヲ》一。

（おまえと行動をともにする）

❺ **ともニ**……（副詞）いっしょに。ともに。（＝共・倶）

豎《じゅ》子《し》不レ足《ラ》二**与**《ニ》謀《ルニ》一。

（小僧め、ともに大事を謀ることはできぬ）

❻ **ためニ**……（…の）ために。（＝為）

与《ニ》レ君《ノ》歌《ハン》二一曲《ヲ》一。

（君のために一曲歌おう）

❼ **か・や**……文末で、**疑問・反語**を表す。（＝**乎・也・哉・邪・耶・歟**）

魯《ろノ》孔丘**与**。

（魯の国の孔丘（＝孔子《こうし》）か）

❽ **かな**……文末で、**詠嘆**を表す。（＝**矣・哉・夫**）

舜《しゅんハ》其レ大孝《ナル》**与**。

（舜はまことに大孝な人であることよ）

❾ **よリハ**……「与《リハ》レA…」の形で、**比較・選択**を表す。

与《リハ》二人《ノ》刃《じんセン》レ我《ヲ》寧《むしロ》自刃《セン》。

（人に殺されるよりは、むしろ自害しよう）

❿ **あたフ**……（ハ・下二段）与える。

⑪ **くみス**……（サ変）仲間になる。味方する。支持する。賛成する。かかわる。
⑫ **あづかル**……（ラ・四段）関与する。かかわる。

直前の句「如《も》し其《そ》れ落《お》ちて併《あは》せて空《むな》しければ」は、その前の残っている二十余本の歯が、毎年一本抜けたら二十四年はもちこたえる、という流れを受けて、「（いや）もしすべて抜けてすっかりなくなっても」、つまり、いっぺんに全部抜けてしまったとしても、ということである。「併」には「すべて」と（注）がある。

そして、「与」を含んだ句、「**与レ漸 亦 同レ指**」。

「**漸**」は、「やうやク」と副詞に読んで、「だんだん。次第に。徐々に」。ここは、歯が「徐々に抜ける」ことであろう。

「**亦**」は「まタ」で、「～もまた」の意。

「**指**」には「趣旨」という（注）があり、名詞であるから、返ってくる「同」は動詞に読み、「指《し》を同《おな》じくす」。

つまり、「いっぺんに抜けても」、「徐々に抜ける」のと「同じことだ」と言っているのである。

よって、**正解は、エ**。

解答 エ

問8 空欄補充問題

偶数句末の空欄は押韻の問題！

43ページで見たように、**漢詩の偶数句末の空欄補充問題は、「押韻」の問題である。**

この詩は、一句が五文字、全部で三十六句もある、長い「**五《ご》言古詩《ごんこし》**」である。

絶句《ぜっく》や律詩《りっし》に限らず、漢詩は必ず**偶数句末で押韻**する。

漢詩のきまり　押韻のきまり

五言の詩……偶数句末の字で押韻する。
七言《しちごん》の詩……第一句末と偶数句末の字で押韻する。

偶数句末の字を音読みしてみると、

「**歯**（シ・shi）」「**已**（イ・i）」「**止**（シ・shi）」「**恥**（チ・chi）」「**死**（シ・shi）」「**己**（キ・ki）」「**水**（スイ・sui）」「**比**（ヒ・hi）」「**似**（ジ・ji）」「**矣**（イ・i）」「**紀**（キ・ki）」「**指**（シ・shi）」「**恃**（ジ・ji）」「**爾**（ジ・ji）」「［Y］」「**喜**（キ・ki）」「**美**（ビ・bi）」「**子**（シ・shi）」

となり、おおむね「**イ・i**」の音のひびきでそろっていることがわかる。

次に、選択肢の字を音読みしてみると、答は一発である。

ア　「問」（モン・mon）
イ　「嘆」（タン・tan）
ウ　「視」（シ・shi）
エ　「算」（サン・san）

正解は、ウ。

「左右《さいう》（**注**）驚《おどろ》きて諦《つまび》らかに（**注**）視《み》ると」となる。

解答　ウ

問9　詩の内容との合致問題

選択肢のキズを探して消去法で！

内容合致問題は、「**選択肢に書いてあることがどこにあったか**」をさぐり、「**本文にはなかった**」ことや、「**似たようなことがあるがズレている**」ことなどの「**キズ**」をチェックして、「**消去法**」で絞ってゆく。

ア　歯が抜けるのは寿命のほうも頼りなくなった証拠だと嘆く作者に対して、人の一生には限りがあり、いずれ最後は死ぬまでのことだと諭す人がいることを作者は訝《いぶか》しんでいる。

歯が抜けることを「嘆く作者」と、「諭す人」とが逆である。

第二十五、六句の「人言《ひとい》ふ…」と、第二十七、八句の「我言《われい》ふ…」をしっかり読まなければならない。

イ　作者は、歯が抜けるようになった最初の頃を述懐して、一本抜けそうになるたび、食事に不便を感じ、うがいにも気をつかい、最後に抜け落ちる時には、山が崩れるような思いがしたと述べている。

イは、第一句から第十六句までの内容と合致している。

よって**正解は、イ**。

ウ　歯が全部抜けてしまったら、うまくしゃべれなくなるし、やわらかいものばかり食べてもそれで美味しいとは思えないだろうと、作者は老後に楽しみが見出だせないことを悲観している。

これは、末尾近くの、第三十三、三十四句、「語訛《ごくわ》なれば黙《もく》すること固《もと》より好く　嚼《か》むこと廃《すた》るれば軟《やは》らかきも還《また》美なり」に矛盾している。

エ　作者は、歯が抜け始めて以来、年々抜け落ちる数は増大するばかりで、歯が抜け落ちた自分の姿は恥ずかしいが、残った歯を大事にして長生きしたいと述べている。

「残った歯を大事にして長生きしたい」とは、作者は言っていない。

解答　イ

7 『貞観政要《じょうがんせいよう》』

神戸大学

別冊（問題）p.48

解答・配点

問一 ① かくのごときを（2点）
② かつて（1点）
③ あにうべけんや（2点）

問二 (ア) 臣下もまた、国が滅びれば、自分の家だけを安泰に保つことはできない。（4点）
(イ) その結果、自分（煬帝）の過ちを自分の耳に入らないようにさせ、（4点）
(ウ) 人民に不利益なことがあれば、必ず存分に言葉を尽くして私の過ちを諫《いさ》めなければならない。（4点）

問三 隋の煬帝が暴虐で、臣下たちがそれを恐れて諫言《かんげん》しなかったために国が滅び、寵臣たちも殺される結果になったこと。（6点）

問四 臣下が太宗の威容に委縮することなく、遠慮なく諫言できるようにさせ、それを政治に生かそうとする意図。（49字）（7点）

※大問の配点の30点は、大学側の公表による。
※小問の配点は、設問のバランスからの推定による。

／30

出典

▼**呉兢《ごきょう》**『**貞観政要**』巻二〈求諫《きゅうかん》・第四〉の一節
唐の第二代皇帝**太宗《たいそう》**（李世民《りせいみん》・五九八～六四九年）と、房玄齢《ぼうげんれい》、杜如晦《とじょかい》、魏徴《ぎちょう》、李靖《りせい》ら臣下たちとの問答や事物を編纂《へんさん》し、為政者の参考とした書物。

太宗の治世は善政の典型と仰がれ、「**貞観の治《ち》**」と称《たた》えられている。その言行は君臣の模範とされて、この書は後代まで広く読まれ、我が国でも平安時代以降、よく読まれた。呉兢は、盛唐の時代の史官である。

書き下し文・通釈

▲書き下し文▼

太宗《たいそう》威容《ゐよう》厳粛《げんしゆく》なれば、百僚《ひやくれう》の進《すす》み見《まみ》ゆる者《もの》、皆《みな》其《そ》の挙措《きよそ》を失《うしな》ふ。太宗《たいそう》其《そ》の此《か》くのごときを知《し》り、人《ひと》の事《こと》を奏《そう》するを見《み》る毎《ごと》に、必《かなら》ず顔色《がんしよく》を仮借《かしやく》し、諫諍《かんさう》を聞《き》き、政教《せいけう》の得失《とくしつ》を知《し》らんことを冀《こひねが》ふ。貞観《ぢやうぐわん》の初《はじ》め、嘗《かつ》て公卿《こうけい》に謂《い》ひて曰《いは》く「人自《ひとみづか》ら照《て》らさんと欲《ほつ》すれば、必《かなら》ず明鏡《めいきやう》を須《もち》ふ。君過《きみあやま》ちを知《し》らんと欲《ほつ》すれば、必《かなら》ず忠臣《ちゆうしん》に藉《よ》る。若《も》し君自《きみみづか》ら賢聖《けんせい》を恃《たの》めば、臣匡正《しんきやうせい》せず。危敗《きはい》せざらんと欲《ほつ》するも、豈《あ》に得《う》べけんや。故《ゆゑ》に君其《きみそ》の国《くに》を失《うしな》ひ、臣《しん》も亦独《またひと》り其《そ》の家《いへ》を全《まつた》うする能《あた》はず。隋《ずい》の煬帝《やうだい》の暴虐《ばうぎやく》なるがごときに至《いた》りては、臣下鉗口《しんかかんこう》し、卒《つひ》に其《そ》の過《あやま》ちを聞《き》かざらしめ、遂《つひ》に滅亡《めつばう》に至《いた》る。虞世基等《ぐせいきら》、尋《つ》いで亦誅《またちう》せられて死《し》す。前事遠《ぜんじとほ》からず。公等事《こうらこと》を看《み》る毎《ごと》に、人《ひと》に利《り》あらざる有《あ》らば、必《かなら》ず須《すべか》らく極言規諫《きよくげんきかん》すべし」と。

▲通釈▼

太宗はその威容が厳粛であったので、多くの官僚で前に進み出て謁見する者は、皆（臆して）その立ち居振る舞いをしくじってしまうのであった。太宗は彼らがそのようであることを知り、臣下が何かを奏上するのを見るたびに、必ず顔色を和らげ、（彼らが）諫めるのを聞いて、政治教化における利害得失を知ることを望んだ。貞観の初め、かつて高位高官の大臣にこう言ったことがある。「人は自分の姿を映そうとすれば、必ず曇りのない鏡を用いるものだ。君主が（自分の）過ちを知ろうとすれば、必ず忠臣（の諫言）に従うものだ。もし君主が自分は賢明であると思いこんでいたら、臣下は（君主の過ちを）正そうとしなくなる。（国が）危険に陥らないようにと願っても、どうして失敗しないでいられようか。それゆえ君主は国を失い、臣下もまた自分の家だけを保つことはできない。隋の煬帝が暴虐であったことなどにいたっては、臣下は口を閉ざして何も言わず、その結果（煬帝は）自分の過ちを自分の耳に入れないようにさせて、とうとう（国が）滅亡するにいたったのである。虞世基ら（の寵臣《ちょうしん》たち）も、間もなく罰せられて死んでしまった。隋の時代に起こったことは遠い昔の話ではない。公たちは事をうかがい見るたびに、人民に不利があるなら、必ず存分に（私を）諫めなければならない」と。

設問解説

問一　語（句）の読み方の問題

文脈にあてはまる活用形にできるか

①「**若此**」は、「若レ此」で、「**かクノごとシ**」である。返り点・送り仮名が省かれているので、レ点が入ることには当然気づかなければならないが、さらに、

太 宗 知リ二 其ノ 若レ 此、

と、「かクノごとシ」から「知リ」へ返らなければならない。意味は「太宗は（臣下たちが）このようであることを知って」であるから、「かくのごときを」、あるいは、「かくのごとくなるを」と読まなければならない。

正解は、「かくのごときを（かくのごとくなるを）」。

同訓異字　**「かクノごとシ」と読む字**

如レ此・如レ是・如レ斯・若レ此・若レ是

②「**嘗**」は、ズバリ「**かつテ**」。

「嘗」は、動詞としては、「なム（マ・下二段）＝なめる。経験する」「こころミル（マ・上一段）＝ためす」という用法もあるが、「かつテ（副詞）＝あるとき、以前。今までに」の読みが重要である。

正解は、「かつて」。

③「**豈可得乎**」は、「**豈…乎**」が、15ページ、42ページにもあったように、「**あニ…ンや**」の**反語形**であることが大きなポイントである。

もう一つ、「**可**（ベシ）」は**返読文字**であるから、「得《う》（ア・下二段）」の終止形「う」から返って「得《う》べし」となり、ここから、「ンや」へ続けるために未然形にするのであるが、「ベカランや」ではダメで、慣習上、「**ベケンや**」としなければいけないという知識があるかどうかの勝負である。

「べけ」は「べし」の、古い時代に用いた未然形の形で、古文でも、漢文訓読調の文にしか用いられない。

正解は、「あにうべけんや」。

重要句法　**「豈ニ…ンや」の反語形**

豈ニ　A セ（ナラ）ン　乎

読　あニAセ（ナラ）ンや
訳　どうしてA（する）だろうか、いや、A（し・で）ない

解答

① かくのごときを
② かつて
③ あにうべけんや

問二 傍線部の現代語訳の問題

句法のポイントからスタート！

(ア)「臣 亦 不レ能三独 全二其 家一」

返り点は付いているので、それに従って読み方を考える。

「**亦**」は「また」であるが、「…モまた」と用いることが多いので、上二文字は「臣《しん》も亦《また》」である。「君其《きみそ》の国《くに》を失《うしな》ひ」と**対**《つい》になって、「臣《しん》も亦《また》…」。

「**不レ能**」は、29ページで「能」についてまとめたように、「あたハず」で、「…できない」の意。

重要句法 **不可能形「不レ能（あたハず）」**

> **不レ能ハ Aスル（コト）**
> 読 Aスル（コト）あたハず
> 訳 A（することが）できない

「**独**」は「ひとリ」で、**限定**の意。ここでは、「君主が国を失っている」のに対して、臣下が「自分の家だけを…」ということである。

「**其家**」は、君主が失う「其《そ》の国《くに》」の**対**《つい》であるから、「其《そ》の家《いへ》」、送り仮名は「ヲ」で、「全」へ返る。

「**全**」から「能《あた》はず」へ返るのであるから、「全」は動詞として読みたい。「全」は、副詞では「まったク」、形容詞では「まったシ（＝欠けるところがない。無事である）」、動詞は「**まったウス**（＝保つ。完全に保持する。なしとげる）」。

よって、傍線部(ア)は、「**臣《しん》も亦《また》独《ひと》り其《そ》の家《いへ》を全《まつた》うする能《あた》はず**」と読み、「臣下もまた自分の家だけを安泰に保つことはできない」となる。

解答例と、**採点上のポイント**

a、臣下（家臣）もまた……………1点
b、国が滅びれば……（補い）……なくても可
c、自分の家だけを………………1点
d、安泰に（完全に）保つことはできない……2点

aは「もまた」、cは「だけ」、dは「全うす」の意味と不可能の訳のポイントによる減点法とする。

(イ)「**卒**《つひニ》 **令 不 聞 其 過**」

送り仮名だけでなく、返り点も省かれている。

「**卒**」は読み方が与えてあるように「**つひニ**」で、「結局。とうとう。その結果」などの意。

同訓異字　**「つひニ」と読む語**

❶ **遂**……とうとう。最後まで。こうして。そのまま。すぐに。果ては。その結果。
❷ **終**……しまいに。とうとう。終始。最後まで。ずっと。
❸ **卒**……結局。とうとう。その結果。最後まで。
❹ **竟**……とうとう。かえって。あろうことか。
＊訳し方が厳密に分かれるわけではない。

「**令**」は、**使役**の「しム」である。
「**不**」は、**否定**の「ず」。
「令」も、「不」も、**返読文字**であり、「聞 其 過」については、君主が自分の過ちを聞く耳を持っているかどうかという話の内容から、「其《そ》の過《あやま》ちを聞《き》く」で、傍線部(イ)は、

卒ニ 令メ㆑ 不ラ㆑ 聞カ㆓ 其ノ 過チヲ㆒

と訓点が付くことになる。
使役の公式の主語と「～をして」を補って考えると、

隋ノ **煬** **帝** 卒ニ 令メ㆓ **己**《おのれ》ヲシテ 不ラ㆑ 聞カ㆓ 其ノ 過チヲ㆒

のようになる。「己《おのれ》をして」については、直前の「臣下鉗口《しんかかんこう》し」をとって、「臣下《しんか》をして」でもよい。

「(隋《ずい》の煬帝《やうだい》) **卒《つひ》に** (己《おのれ》をして) **其《そ》の過《あやま》ちを聞《き》かざらしめ**」と、下へ続くように読んで、「(隋の煬帝は) その結果自分の過ちを(臣下たちに) 自分に聞かせないようにさせ」ということでもよい。

解答例と、採点上のポイント
a、その結果……「卒」の訳…………………1点
b、自分の過ちを……「其過」の訳…………1点
c、自分の耳に入らないようにさせ…………2点

aは、「とうとう。最後まで」などでも可。bは、「その」のままは×。cは、使役の有無がポイント。「自分」は「煬帝」でも可とする。

使役の公式は39ページでもまとめた。

重要句法　**使役の公式**

A **使**ム㆓ **B**ヲシテ **C**セ㆒　読 ABヲシテCセしム
　訳 AはBにCさせる

＊「しム」は、「令・教・遣・俾」も同じ。

(ウ)「**有 不 利 於 人、必 須 極 言 規 諫**」
ここも、返り点・送り仮名が省かれている。
前半部分「**有 不 利 於 人**」のポイントは、「**有**」「**不**」が返

読文字であることと、**置き字**「**於**」のはたらきである。
「利於人」は「於」が下にある補語（ここでは「人」）の送り仮名「ニ・ト・ヨリ・ヨリモ」のはたらきをするから、「利」は述語で読まなければならない。ここを述語に読まないと、「↓不↓有↓」へ返る読み方ができない。

有レ 不レ 利ニ 於 人一

と返り点が付いて、「人《ひと》に利《り》あら（なら）ざる（ざること）有《あ》らば（有《あ》れば）」と読んで下へ続けたい。
「人」は「人民・民」で、「人民に（とって）利でないことがあれば（あったら）」の意である。
後半部分「**必須極言規諫**」のポイントは、**再読文字**「**須**（すべかラク…スベシ）＝…する必要がある。…しなければならない」である。
「極言《きよくげん》」には（**注**）「思う存分に言う。言葉を尽くして言う」がある。「規諫《きかん》」は「諫」がわかればよい。「極言」も「規諫」も熟語であるから、まとめてサ変動詞にして、

必ズ 須ラクシ二 極 言 規 諫ス一

と返り点・送り仮名が付いて、「**必《かなら》ず須《すべか》らく極言《きよくげん》規諫《きかん》すべし**」と読み、「必ず存分に言葉を尽くして、（私の過ちを）諫めなければならない」となる。

解答例と、採点上のポイント
a、人民に不利益なことがあれば……2点
b、必ず存分に言葉を尽くして……1点
c、私の過ちを諫めなければならない……1点

aは、「あれば」「あるなら」「ある（あった）ならば」と下へ続くポイントが大事。bは、（**注**）をヒントに。cは、「須」の訳し方が間違っていたら×。「私の過ちを」はなくても可とする。

重要句法 **再読文字「須」**

須ラクシレ A ス

読 すべかラクAスベシ
訳 Aする必要がある
Aしなければならない（＝**当**）

解答
(ア) 臣下もまた、国が滅びれば、自分の家だけを安泰に保つことはできない。
(イ) その結果、自分（煬帝）の過ちを自分の耳に入らないようにさせ、
(ウ) 人民に不利益なことがあれば、必ず存分に言葉を尽くして私の過ちを諫めなければならない。

問三 傍線部の内容説明の問題

「前事」は傍線の直前にあり！

傍線部(A)「**前事**」は、「以前の出来事、過去のこと」の意。唐王朝がスタートしたばかりの「太宗《たいそう》」にとって、「遠《とほ》からず」な「前事《ぜんじ》」とは、**直前部**の「隋《ずい》の煬帝《やうだい》」の「事」である。**「隋《ずい》の煬帝《やうだい》の暴虐《ばうぎやく》なるがごときに至《いた》りては、臣下《しんか》鉗口《かんこう》し、卒《つひ》に其《そ》の過《あやま》ちを聞《き》かざらしめ、遂《つひ》に滅亡《めつばう》に至《いた》る。虞世基《ぐせいき》等《ら》、尋《つ》いで亦誅《またちう》せられて死《し》す**（＝隋の煬帝が暴虐だったことなどに至っては、臣下は口を閉ざして何も言わず、その結果、（煬帝は）自分の過ちを自分の耳に入れないようにさせて、とうとう（国が）滅亡するにいたったのである。虞世基ら（の寵臣たち）も、間もなく罰せられて死んでしまった）」。

この「解答の根拠」にあたる箇所をまとめればよい。

解答例と、**採点上のポイント**

a、隋の煬帝が……………………………1点
b、暴虐で…………………………………1点
c、臣下たちがそれを恐れて諫言しなかったために……2点
d、国が滅び………………………………1点
e、寵臣たちも殺される結果になったこと………1点

aの「煬帝」を取り違えているものは、全体×。cの「ために」は、bの位置で「暴虐な（だった）ために」でもよい。cは、「それ（その暴虐さ）を恐れて」を補いたい。ここに1点分。「諫言しなかった」は、「臣下が何も言わなくなり」でも1点。dは、「滅亡にいたり」のままでも可。eは、「寵臣たち」は「虞世基ら」でも可。文末の「こと」の有無は不問とする。

解答

隋の煬帝が暴虐で、臣下たちがそれを恐れて諫言しなかったために国が滅び、寵臣たちも殺される結果になったこと。

問四 内容（理由）説明の問題

波線部の前後に「解答の根拠」！

波線部「**人《ひと》の事《こと》を奏《そう》するを見《み》る毎《ごと》に、必《かなら》ず顔色《がんしよく》を仮借《かしやく》し**」は、「人（＝臣下）が何かを奏上するのを見るたびに、必ず顔色を和らげ」たという意味である。

「仮借」には、「ここでは和らげること」という（注）が付いている。

なぜそのようにしたのかについては、**直前部**に答がある。

「太宗《たいそう》威《ゐ》容厳粛《ようげんしゆく》なれば、百僚《ひやくれう》の進《すす》み見《まみ》ゆる者《もの》、皆《みな》其《そ》の挙措《きよそ》を失《うしな》ふ（＝太宗はその威容が厳粛であったので、多くの官僚で前

に進み出て謁見する者は、皆（臆して）その立ち居振る舞いをしくじった）」とある。太宗は、「**其《そ》の此《か》くのごときを知《し》り**（＝彼らがそのようであるのを知り）」、つまり、臣下たちが自分の威容に圧倒されて緊張して接している様子がわかったので、彼らが奏上する折には「顔色を和らげ」るようにしたのである。

さらに、**直後**には次のようにある。

「**諫諍《かんさう》を聞《き》き、政教《せいけう》の得失《とくしつ》を知《し》らんことを冀《こひねが》ふ**（＝臣下が諫めるのを聞いて、政治教化における利害得失を知ることを望んだ）」、つまり、自分に対して委縮せずに諫言させることによって、それを政治に生かせるようにしようとしたということである。

「**諫諍《かんさう》**」には、「強く目上の人をいさめること」という（**注**）があるが、「**諫む**」「**諫言**」などの語は、漢文の世界では頻出する重要語であるから、知っておきたい。

解答例と、**採点上のポイント**

a、臣下が太宗の威容に委縮することなく……3点
b、遠慮なく諫言できるようにさせ……3点
c、それを政治に生かそうとする……1点
d、意図。……不問

aは、「臣下が」がほしいが、「臣下が」については、aの位置でなく、bの最初にあってもよい。「威容に」は、「厳粛さに」「威厳に」など、「委縮することなく」は、「臆することなく」「緊張せず」などでもよい。

bは、「自分に対して遠慮なく過失を告げさせ」のようでもよいが、「厳しく諫め」るように「させる」「促す」表現がほしい。

cは、「政教《せいけう》の得失《とくしつ》を知《し》らんことを冀《こひねが》ふ」のポイントであるが、「顔色を和らげた」意図からは、少し先に踏み込んだ内容ではあるので、配点は小さくしておく。

dの「…意図。」は、設問の求めている形になるように解答するという点では配点したいのであるが、「…ということ。」のようでも可。配点上は不問とする。

解答 臣下が太宗の威容に委縮することなく、遠慮なく諫言できるようにさせ、それを政治に生かそうとする意図。

8 「中山盗録《ちゅうざんとうろく》」

大阪大学

別冊（問題）p.52

解答・配点

問一 未㆔嘗掠㆓農舎鶏犬・賈舶子女㆒ （5点）

問二 令㆔持㆑刀者封㆓其脂肉㆒ （5点）

問三 官吏の汚職を取り締まるべき巡検使が、汚職役人を取り締まらなくなって久しいことよ。しかし盗賊にはそれができたのである。 （8点）

問四 た（と）うにしてじんぎたり、これをた（と）うといふ（う）は、かならんや （5点）

問五 為政者たる者は、人材の登用にあたっては、この中山の某という盗賊が、汚職している役人をこらしめて人々に施しをした話をよくよく考えて、役人が不仁で、逆に盗賊が仁であるような世の中にならないよう、留意しなければならないということ。 （12点）

※大問の配点は、国語の満点からの推定。
※小問の配点は、設問のバランスからの推定による。

／35

出典

▼**楊維楨《よういてい》「中山盗録」**（『明文海』巻四二四所収）

楊維楨（一二九六～一三七〇年）は、元の末期から明《みん》の初期の文学者である。元末の動乱で官を捨てて隠居し、明になってから官に招かれたが、百日余りで辞した。詩人としては、江南《こうなん》の詩社における指導的立場にあった。

書き下し文・通釈

▲書き下し文▼

中山《ちゆうざん》の某氏《ぼうし》、亡命《ばうめい》を聚《あつ》め盗《たう》と為《な》し、江淮《かうわい》の間《かん》に往来《わうらい》す。未《いま》だ嘗《かつ》て農舎《のうしや》の鶏犬《けいけん》・賈舶《かはく》の子女《しぢよ》を掠《かす》めず、必《かなら》ず某州某郡《ぼうしうぼうぐん》の吏《り》の沓《むさぼ》りて狼戻《らうれい》なる者《もの》を廉《しら》べ、中夜《ちゆうや》其《そ》の家《いへ》に至《いた》り、其《そ》の主《あるじ》を擒《とりこ》にし、柱《はしら》に反接《はんせつ》し、盗《たう》は堂上《だうじやう》に坐《ざ》し、刀《かたな》を持《も》ちし者《もの》をして其《そ》の脂肉《しにく》を刲《えぐ》らしめ、反《かへ》つて其《そ》の口《くち》に啖《くら》はし、之《これ》に問《と》ひて曰《いは》く「痛楚《くる》しきや」と。主《あるじ》哀《な》き叫《さけ》びて曰《いは》く「痛楚《くる》し、痛楚《くる》し」と。盗《たう》曰《いは》く「汝《なんぢ》民膏《みんかう》を割《え》剥《ぐ》るは、痛《いたみ》亦《ま》た爾《かくのごと》し」と。悉《ことごと》く其《そ》の財《ざい》を取《と》り、諸《これ》を通衢《つうく》に置《お》き、民《たみ》をして争《あらそ》ひ之《これ》を取《と》らしめ、其《そ》の主《あるじ》を殺《ころ》し、其《そ》の室《しつ》を焚《や》く。

楊子《やうし》曰《いは》く「繡斧《しうふ》沓吏《たふり》を聴《さば》かざること、久《ひさ》しきかな。而《しか》して盗《たう》之《これ》を能《よ》くす。其《そ》の魁《くわい》を殲《ころ》し、其《そ》の孥《ど》に逮《およ》ばざるは、仁《じん》なり。帑《ど》蔵《ざう》を窮《きは》めて之《これ》を民《たみ》に還《かへ》すは、義《ぎ》なり。嗚呼《ああ》、盗《たう》にして仁義《じんぎ》たり、之《これ》を盗《たう》と謂《い》ふは、可《か》ならんや。盗《たう》にあらずして不仁不義《ふじんふぎ》たり、之《これ》を盗《たう》にあらずと謂《い》ふは、可《か》ならんや。菫《きん》の毒《どく》、能《よ》く人《ひと》を殺《ころ》し、亦《ま》た能《よ》く病《やまひ》を治《なほ》す。医《い》の良《りやう》なる者之《ものこれ》を使《つか》ふ。盗《たう》能《よ》く人《ひと》を殺《ころ》し、亦《ま》た能《よ》く盗《たう》を攻《せ》む。亦《ま》た顧《た》だ其《そ》の之《これ》を使《つか》ふ者《もの》の如何《いかん》するのみ。吾故《われゆゑ》に其《そ》の事《こと》を志《しる》し、才《さい》を用《もち》ゐる者《もの》をして聞知《ぶんち》し、吏《り》は不仁《ふじん》にして盗《たう》は仁《じん》ならしむること勿《な》からしめんとす」。

▲通釈▼

中山のなにがしという者が、故郷を逃げ出した者たちを集めて盗賊となり、江淮のあたりを荒し回っていた。（しかし）今まで一度も農家の鶏や犬、商人の子女を掠奪《りやくだつ》したことはなく、必ず某州某郡の役人で欲張りで狼《おおかみ》のように凶暴な者を調べ上げ、夜中にその者の家に押し入り、主人を捕らえ、柱に両手を後ろ手に縛りつけ、盗賊は座敷に座って、刀を持つ者に（主の）肉をそがせ、そのえぐった肉を主人の口に食わせて、「苦しいか」と問いかける。主人は「苦しい、苦しい」と泣き叫ぶ。盗賊たちは、「おまえが民の労働の結晶を奪い取った（その人々の）痛みは、これと同じだ」と言った。（そして主人の）すべての財産を奪い取り、それを大通りに置き、人々に我先にと取らせたうえで、主人を殺し、家を焼き払った。

私楊維楨は（次のように）考える、「官吏の汚職を取り締まるべき巡検使が汚職する役人を取り締まらなくなって久しいことよ。しかし、盗賊が汚職役人を取り締まることができている。（彼らは、汚職役人の）親玉は殺すが、その妻子までは殺さないというのは、仁（＝思いやり）である。金品をすべて奪い取り人々に返してやるのは、義（＝正義）である。なんということであろうか、盗みを働いて仁義を行う者を、盗賊と言ってよいであろうか。盗みを働かないで仁義を欠く（＝民から金品を搾取する）者を、盗賊ではないと言ってよいであろうか。トリカブトの毒は、人を殺すこともでき、同時に病気を治すこともできる。（だから）名医はトリカブトを用いる。盗賊は人を殺しもするが、同時に（民から奪う）盗人をやっつけてくれる。（トリカブトも盗みも）ただそれを用いる者の用い方しだいである。それゆえ私はこのこと（＝中山の盗賊の話）を記録し、人材を登用する者が（この話を）聞いてよく理解し、役人が不仁で（逆に）盗賊のほうが仁であるなどということをさせないようにさせたいのだ」と。

設問解説

問一　読み方に従って返り点を付ける問題

返り点は「付ける」力が大事！

返り点は、付いているものを正しく返って読めるのは、漢文の学習では「前提」で、自分で付けられる力が大事である。自分で返り点を付ける問題には、条件に段階がある。

1、漢字かなまじりの書き下し文が与えられている。
2、すべてひらがなの読み方が与えられている。
3、意味（現代語訳）が与えられている。
4、何の条件も与えられていない。

問一は、右の2のレベルである。

「**未 嘗 掠 農 舎 鶏 犬・賈 舶 子 女**」

これを、「**いまだかつてのうしゃのけいけん・かはくのしじょをかすめず**」と読む。

傍線部の字がどの読みに相当しているかを見ると、「いまだ（**未**）→かつて（**嘗**）→のうしゃ（**農舎**）→けいけん（**鶏犬**）→かはく（**賈舶**）→しじょ（**子女**）→かすめ（**掠**）→ず（**未**）」である。「**未**」は**再読文字**である。

とすると、字の**読み順**は、「**未→嘗→農→舎→鶏→犬→賈→舶→子→女→掠→未**」となる。

「未《いま》だ嘗《かつ》て農舎《のうしや》の鶏犬《けいけん》・賈舶《かはく》の子女《しぢよ》を」までは、上から下へ読んでいるだけであるから、返り点はいらない。「子女《しぢょ》を」から「掠《かす》め」へは八文字上へ返るので、「女」の左下に「一」、「掠」の左下に「二」、「掠《かす》め」から「未」の二度めの「ず」へは、さらに二文字上であるから、「未」の左下に「三」が付く。

よって、**正解**は次のようになる。

未三 嘗 掠二 農 舎 鶏 犬 ・ 賈 舶 子 女一

返り点については、いまさらであろうが、原則をまとめておこう。

漢文の訓読

返り点の原則

❶レ点……レ点をはさんだ下からの字から、一字上の字に返る。

2レ 1 4レ 3

1 4レ 3レ 2

❷一二点……二字以上へだてた上の字に返る。

3二 1 2一

3二 1 2一 6二 4 5一

＊「三↑二↑一」「四↑三↑二↑一」の形もある。

5三 1 4二 2 3一

7四 1 6三 2 5二 3 4一

❸上下点……一二点を用いた句をはさんで、さらに上の字に返る。

4レ 3二 1 2一

＊「二↑一」ときても「二」から一字上へはレ点。

5下 3二 1 2一 4上

＊「下↑中↑上」の形もある。

7下 3二 1 2一 6中 4 5上

❹甲乙点……上下点を用いた句をはさんで、さらに上の字に返る。

7乙 5下 3二 1 2一 4上 6甲

＊「丁↑丙↑乙↑甲」の形もある。

11丁 5下 3二 1 2一 4上 10丙 6 9乙 7 8甲

＊上中下点をパスして甲乙丙丁点を用いるケースもある。

9丁 3二 1 2一 8丙 4 7乙 5 6甲

❺レ点・上レ点……レ点から読んで、一二点・上下点を読む。

4二 1 3レ 2

6下 3二 1 2一 5上レ 4

解答　未三嘗掠二農舎鶏犬・買舶子女一

問二　読み方に従って返り点を付ける問題

使役の公式に着眼する！

これも、問一と同様の問題である。

「令持刀者刲其脂肉」

これを、「かたなをもちしものをしてそのしにくをえぐらしめ」と読む。

ここには、「…ヲシテ…しム」という「使役の公式」（39ページ、62ページに既出）がある。

重要句法　**使役の公式**

A 使ム㆓B ヲシテ C セ㆒

読　ABヲシテCセしム

訳　AはBにCさせる

＊「しム」は、「**令・教・遣・俾**」も同じ。

＊使役の対象（誰にやらせるか）に、「**ヲシテ**」という送り仮名が付くことがポイント。

ここも、傍線部の字がどの読みに相当しているかを見ると、「かたな（**刀**）↓もち（**持**）↓もの（**者**）↓その（**其**）↓しにく（**脂肉**）↓えぐら（**刲**）↓しめ（**令**）」である。

使役の「しめ」は「令」であり、使役の対象に付ける「をして」は「刀《かたな》を持《も》ちし者《もの》」の「者」の送り仮名になる。

「刲」を「えぐル」と読むのは難しいが、「刲」以外にもう字がないので、これがそうなのだろうと考えるしかない。

字の**読み順**は、「**刀↓持↓者↓其↓脂↓肉↓刲↓令**」となる。

「刀《かたな》を」から「持《も》ちし（「し」は過去の助動詞「き」の連体形）」へは一文字上へ返るので、「持」の左下に「**レ**」点。そこから、「者《もの》をして其《そ》の脂肉《しにく》を」までは下へ行くだけであるから、返り点はいらない。

「肉」から「刲《えぐ》ら」へは三文字上へ返るので、「肉」の左下に「一」、「刲」の左下に「二」。「刲《えぐ》ら」から「令（しめ）」へは、さらに四文字上へ返るので、「令」の左下に「三」が付き、**正解**は次のようになる。

令㆔持㆑刀　者　刲㆓其　脂　肉㆒

問一・問二とも、結果としてあまり複雑な返り点ではなかったが、大阪大の返り点問題は、過去には「上（中）下」点や「レ」点が必要な例や、送り仮名も付ける問題もあった。

解答　令㆔持㆑刀　者　刲㆓其　脂　肉㆒

問三　傍線部の現代語訳の問題

接続詞「而」と「能クス」がポイント

返り点・送り仮名が付いているから、読み方は「**繡斧《しうふ》沓吏《たふり》を聴《さば》かざること、久《ひさ》しきかな。而《しか》して盗之《たうこれ》を能《よ》くす**」である。

「繡斧《しうふ》」には、「巡検使。官吏の汚職を取り締まるために皇帝の特命を受けて地方を巡察する高官」、「**沓吏《たふり》**」には、「汚職する役人」という（**注**）がある。よって、「繡斧沓吏《しうふたふり》を聴《さば》かざること」は、「官吏の汚職を取り締まるべき巡検使が、汚職している役人を取り締まらないこと」という意味である。

「久《ひさ》しきかな」は、「久しいことよ（だなあ）」。「…になって久しい」という言い方は今日でも通じるので、「久しい」は「久しい」のままでよい。「**矣**（**かな**）」は**詠嘆**である。

同訓異字 **詠嘆の「かな」**

矣・哉・夫・与・乎

「而」は送り仮名が「シテ」であるから、「しかシテ」と読んでいる。接続詞「而」の用法の原則は次のようになる。

重要語 **接続詞「而」の用法**

❶ **順接**……「**しかシテ・しかうシテ**」と読み、「そうして・こうして・そこで」などの意。

❷ **逆接**……「**しかレドモ・しかルニ・しかルヲ・しかモ**」と読み、「しかし・けれども」などの意。

順接に読んでいるから、「そこで」のようにつなぐべきであるが、次の「盗之《たうこれ》を能《よ》くす」とのつながりがよくない。「盗之《たうこれ》を能《よ》くす」の「盗《たう》」は、第一段落の「中山の盗賊」である。「之《これ》」は、「繡斧《しうふ》」ができていない「沓吏《たふり》を聴《さば》」くことで、「能《よ》くす」は「できる」意である。つまり、「盗賊にはさばく（＝役人の汚職を取り締まる）ことができたのである」という意味になる。

「繡斧《しうふ》」にできていないことが、「盗《たう》」にはできたという文のつながりを考えると、読み方の原則とは異なるが、この「而」は**逆接**に取るほうが自然であると思われる。

解答例と、採点上のポイント

a、官吏の汚職を取り締まるべき巡検使が……1点
b、汚職役人を取り締まらなくなって……1点
c、久しいことよ……2点
d、しかし……1点
e、盗賊にはそれができたのである……3点

bに「取り締まる」件があれば、aは、「巡検使が」だけでも可。b「沓吏《たふり》」は、(**注**)のままで可。「聴《さば》く」は「取り締まる」に言い換えたいが、「裁く」でもよい。cは、「長い時間がたっている」点と、詠嘆表現で各1点。dは、「そこで」でもよいが、ここを「そこで」にすると、eに可能が入れにくいのでeの表現を考える。eは、「それが」の部分に、さらに具体的な内容「取り締まることが」「罰することが」などが入っていてもよい。「盗」「能」「之」で各1点。dを「そこで」にすると、eは、「盗賊が取り締まっている」のように、「能」のポイントが入りにくくなる。

解答 官吏の汚職を取り締まるべき巡検使が、汚職役人を取り締まらなくなって久しいことよ。しかし盗賊にはそれができたのである。

問四 すべてひらがなによる書き下し文の問題

直後との「対句《ついく》」がヒント！

返り点と送り仮名も省かれているが、ここは、傍線部が直後の一文との対句になっていることが着眼点である。

盗　而　仁　義、謂　之　盗、可　乎
↔　＝　↔　↔　＝　＝　↔　＝
不《あらズシテ》レ盗《ニ》　而　不　仁　不　義《タリ》、謂《フハ》二之《ヲ》　不《あらズト》レ盗《ニ》一、可　乎《ナランヤ》

置き字「而」のはたらきによって、「盗《たう》にあらずして」になっているので、「**盗**」は「盗《たう》にして」。「而」は読まない。

「**仁義**」は、「不仁不義」と対義的な語句であるから、同じように、「仁義《じんぎ》たり」でOKである。

「**謂之盗**」は、「謂二之盗一」と返り点が付いて、「之《これ》を盗《たう》と謂《い》ふは」。

「**可乎**」は、「可《か》ならんや」。「乎」を読まず、送り仮名にしているが、「乎」が「や」ではある。

書き下し文にすると、「**盗《たう》にして仁義《じんぎ》たり、之《これ》を盗《たう》と謂《い》ふは、可《か》ならんや**」となり、**すべてひらがな**にすると、「たうにしてじんぎたり、これをたうといふは、かならんや」。とくに条件が付いていない場合、原則としては歴史的仮名づかいで答えるが、大阪大は「読み下しなさい」となっていることもあるので、**現代仮名づかい**で、「とうにしてじんぎたり、これをとういうは、かならんや」でも可とする。

文末の「可《か》ならんや」は**反語**で、「よいだろうか。いや、よくない」の意である。

解答 た（と）うにしてじんぎたり、これをた（と）うとい
ふ（う）は、かならんや

問五 傍線部の内容（本文の趣旨）説明の問題

筆者は誰に何を言いたいのか？

二か所の**使役形**がある。

「**才《さい》を用《もち》ゐる者《もの》をして聞知《ぶんち》し、吏《り》は不仁《ふじん》にして盗《たう》は仁《じん》ならしむること勿《な》からしめんとす**」で、「人材を登用する者に、このことを聞いてよく理解し、役人が不仁で盗賊が仁であらせるようなことがないようにさせようとするのである」という直訳に

なる。

設問の条件にある、「**才《さい》を用《もち》ゐる者《もの》**」は、「人材を登用する」立場にある者であるから、「為政者」「人の上に立つ者」ということで、その立場にある者に対して、「人材の登用」にあたっての意見をしているのである。

「**聞知《ぶんち》**」には、「聞いてよく理解する」という（**注**）が付いているが、内容は、傍線部直前で筆者が「其《そ》の事《こと》を志《しる》し」としている「其《そ》の事《こと》」、つまり第一段落の、中山の盗賊が汚職している役人をこらしめ、人々に施しをした話である。

「**吏《り》は不仁《ふじん》にして**」は、第一段落の、汚職している役人で、**問四**の対句の部分にあった、「盗《たう》にあらずして不仁不義《ふじんふぎ》」な者である。それを取り締まれない巡検使を含めてもよい。

「**盗《たう》は仁《じん》**」は、汚職役人をこらしめて、人々に施しをした中山の盗賊の行為を言っているのであるが、縛り上げて肉をえぐったり、あげくは殺して、家を焼いたりしているのであるから、その行いを、百パーセント「仁」と言うべきかどうかは本当は疑問である。

解答例と、**採点上のポイント**

a、為政者たる者は……………………2点
b、人材の登用にあたっては……………3点
c、この中山の某という盗賊が、汚職している役人をこらしめて人々に施しをした話を……………2点
d、よくよく考えて……………1点
e、役人が不仁で、逆に盗賊が仁であるような世の中にならないよう……………3点
f、留意しなければならない……………1点
g、ということ……………不問

a・bは、「人材を登用しようとする為政者は」のようにまとめてあってもよいが、「為政者・上に立つ者」の要点が欠けているものは、aは×。cは、「中山の盗賊の話を」では1点減点。dは、「聞知《ぶんち》」に触れてあればよい。eは、「…させないよう」でもよい。fは、「気をつけるべきだ。心がけよ」など、同様の表現であれば可。

解答

為政者たる者は、人材の登用にあたっては、この中山の某という盗賊が、汚職している役人をこらしめて人々に施しをした話をよくよく考えて、役人が不仁で、逆に盗賊が仁であるような世の中にならないよう、留意しなければならないということ。

9

『新論《しんろん》』

北海道大学

別冊（問題）p.58

解答・配点

問一　a　あらためて（さらに）
b　そなへ（そなへて）
c　あへて
d　かくのごとし
（各1点　4点）

問二　これまさにくわさいあらんとす（と）（5点）

問三　すぐれた医者は病気が発症しないうちにもとを治し、賢明な君主は謀反が起きる前に首謀者を排除する。（6点）

問四　隣家が、火災の危険を忠告した淳于髡に感謝せず、消火にあたった人々をもてなしたように、事を未然に防ぐために大切なことが何かをわかっていないということ。（73字）（10点）

25

※大問の配点は、国語の満点からの推定。
※小問の配点は、設問のバランスからの推定による。

出典

▼桓譚《かんたん》『新論』巻上〈見徴第五〉の一節

『新論』は、前漢末から後漢にかけての思想家桓譚の、政治や学説などを論じた書。

書き下し文・通釈

▲書き下し文▼

淳于髠隣家《じゆんうこんりんか》に至《いた》り、其《そ》の竈《かまど》の突《とつ》の直《ちよく》にして積薪《せきしん》の旁《かたはら》に在《あ》るを見《み》て曰《いは》く、「此《こ》れ且《まさ》に火災《くわさい》有《あ》らんとす」と。即《すなは》ち更《あらた》めて曲突《きよくとつ》を為《つく》りて其《そ》の薪《たきぎ》を徙《うつ》し遠《とほ》ざけしめんことを教《おし》ふるも、竈《かまど》の家《いへ》聴《き》かず。後《のち》に災《さい》ありて、火《ひ》果《は》たして積薪《せきしん》に及《およ》びて其《そ》の屋《や》を燔《や》き、隣《りん》里《り》並《なら》びに救《すく》ひ撃《う》つ。滅止《めつし》するに及《およ》びて羊《ひつじ》を亨《すす》め酒《さけ》を具《そな》へ以《もつ》て火《ひ》を救《すく》ふ者《もの》を労謝《らうしや》し、突《とつ》を曲《ま》げ薪《たきぎ》を遠《とほ》ざくるも、固《もと》より肯《あ》へて淳《じゆん》于髠《うこん》を飲飯《いんはん》に呼《よ》ばず。智者之《ちしやこれ》を譏《そし》りて云《いは》く、「人《ひと》をして突《とつ》を曲《ま》げ薪《たきぎ》を遠《とほ》ざけしむるは、固《もと》より恩沢無《おんたくな》く、頭《あたま》を焦《こ》がし額《ひたひ》を爛《ただ》らすは、反《かへ》つて上客《じやうかく》と為《な》す」と。蓋《けだ》し其《そ》の本《もと》を賤《いや》しみて末《すゑ》を貴《たつと》ぶを傷《いた》む。豈《あ》に夫《そ》れ独《ひと》り突薪《とつしん》のみ以《もつ》て害《がい》を除《のぞ》くべけんや。而《しか》して人《ひと》の病《やまひ》も国《くに》の乱《みだれ》も、亦《ま》た皆斯《みなか》くのごとし。是《こ》の故《ゆゑ》に良医《りやうい》は其《そ》の未《いま》だ発《はつ》せざるを医《いや》して、明君《めいくん》は其《そ》の本謀《ほんぼう》を絶《た》つ。後世多《こうせいおほ》く未《いま》だ萌《きざ》さざるを杜塞《とそく》するを損《そこな》ひて、已《すで》に成《な》るを攻撃《こうげき》するに勤《つと》む。謀臣《ぼうしん》は稀《まれ》に賞《しやう》せられて闘士《とうし》は常《つね》に栄《さか》ゆること、猶《な》ほ彼《か》の人殆《ひとほとん》ど事《こと》の重軽《ちようけい》を失《うしな》ふがごとし。淳于髠《じゆんうこん》の預言《よげん》を察《さつ》すれば、以《もつ》て通《つう》ぜざること無《な》かるべし。此《こ》れ微《び》を見《み》るの類《たぐひ》なり。

▲通釈▼

淳于髠が隣家に行き、その竈《かまど》の煙突がまっすぐで積んだ薪が（その煙突の）そばにあるのを見て言った、「これではきっと火事が起きますよ」と。すぐにあらためて曲がった煙突を作ってその薪を遠くに移させるよう教えたが、竈の家の者は聞き入れなかった。のちに火事になって、火は案の定積んだ薪に燃え移ってその家を燃やし、隣近所の人々がそろって消火にあたった。火が消えたのち、（火元の家は）羊の肉でもてなし酒を用意して消火にあたってくれた人々をねぎらって礼を言い、（そこではじめて）煙突を曲げ薪を遠ざけたが、むろん淳于髠を飲食に呼ぶことはなかった。智者がそれを批判して言った、「人に煙突を曲げて薪を遠ざけさせようとした者（＝淳于髠）には、もともと恩恵がなく、（消火にあたって）頭髪を焦がし額を焼けただれさせた者は、逆に上客としてもてなしている」と。（これは）思うに事の根本を軽視して末節を尊んでいるのを批判したのだ。（しかし）これはどうしてただ煙突と薪の害を除くことができるだけの話であろうか。さらに人の病も国の乱れも、またどちらもこのよう（にあらかじめ害を取り除くことができるものなの）である。それゆえすぐれた医者は病気が発症する前に治し、賢明な君主は（乱を企てる）首謀者を事前に根絶やしにする。（しかし）後世、多くは（乱が）起こる前に遮断し封じ込めることをやり損ない、すでに事が起こってから攻撃することにやっきになっているのだ。策略をめぐらす家臣はめったに賞せられず、（謀反を鎮圧する）将軍や武将が常に栄えるのは、ちょうど隣家の主人がほとんど事の（価値の）軽重を見失っているのと同じである。淳于髡があらかじめ言ったことをよく考えていれば、わからないということはなかったはずだ。「微（＝小さいこと）を見る」という例である。

設問解説

問一　語（句）の読みの問題

歴史的仮名づかいに注意する！

a 「**更**」は、「**あらたメテ**」と読みたい。

「**更**」には、副詞「**さらニ**」「**こもごも**（＝交）」などの読み方もあるが、動詞としては、「**かフ**（ハ・下二段）＝変える」「あらたム（マ・下二段）＝改める」と読む。

ここは、まっすぐな煙突のそばに薪が積んであるのを見て、危ないと思い、「あらためて」曲がった煙突を作り、薪を遠ざけるよう忠告したという状況である。

なお、大学側が公表した解答例では、「さらに」でも許容することになっているが、許容には疑問が残る。

a の**正解は**、「**あらためて**」。

b 「**具**」は、「羊《ひつじ》を亨《すす》め酒《さけ》を…」して、消火にあたってくれた隣近所の人々をもてなした、という文脈にあるから、「**そなへ**（**テ**）」と読みたい。

「**具**」は、動詞としての、「**そなハル**（ラ・四段）＝そろっている。ととのう」「**そなフ**（ハ・下二段）＝そろえる。ととのえる。用意する」のほか、副詞としての、「**つぶサニ**＝詳しく。こまかく。ことごとく」「**ともニ**（＝倶・共）」の用法も大事である。

b の**正解は**、「**そなへ**（**て**）」。

北海道大は、仮名づかいの条件を付けていないが、すべてひらがなにする書き下し文の問題が「**歴史的仮名づかい**」を求めているので（**問二**参照）、読みの問題もそれに準ずるものと考える。

c 「**肯**」は、「**がへンズ**（サ変）＝承知する。うなずく」と読む動詞の用法が大事であるが、ここは、副詞の用い方になっているので、「**あへテ**」。「**敢**」と同じである。

c の**正解は**、「**あへて**」。

d 「**如レ斯**」は、ズバリ「**かクノごとシ**」。

ここも、**歴史的仮名づかい**に注意したい。

「人《ひと》の病《やまひ》も国《くに》の乱《みだれ》も、亦《ま》た皆《みな》斯《か》くのごとし」で、「人にとっての病気も、国にとっての乱れも、皆このようなものである」の意。

dの正解は、「かくのごとし」。

同訓異字 **「かクノごとシ」と読む語**

如レ此・如レ是・如レ斯・若レ此・若レ是

解答
a　あらためて（さらに）
b　そなへ（そなへて）
c　あへて
d　かくのごとし

問二　すべてひらがなによる書き下し文の問題

再読文字「且」がポイント！

傍線部イは、「**此且レ有二火災一**」。
返り点は付いている。
「**此**」は、文頭にあるので、「**コレ**」。
「**且**」は再読文字「**まさニ…（セ）ントす**」。「**将**」と同じで、ここがポイントである。

「**有**」は当然「あり（ラ変）」であるが、「無（なシ）」同様、体言（ここでは「火災」）から返読する場合は、送り仮名がいらない。「…ントす」に続けるには、未然形にして、「あラントす」である。

問題は、「**火災**」で、**歴史的仮名づかい**では「くわさい」。ここを「かさい」としたものは2点の減点とする。

北海道大の「ひらがなのみ」の書き下し問題には、例年
（例）学而時習之→まなびてときにこれをならふ
という例文が付いていて、「**歴史的仮名づかい**」で答えることが求められている。

「　」を閉じる、**文末の「と」の有無は不問とする**。

同字異訓 **「且」の用法**

❶ **まさニ…ントす**……**再読文字**。「**将**」と同じで、「いまにも…しそうだ（しようとする）」の意。
❷ **かツ**…………（接続詞）しかも。その上。そもそも。
❸ **しばらク**………（副詞）少しの間。しばし。（＝**暫・頃・姑・少・間**）

解答　これまさにくわさいあらんとす（と）

問三 傍線部の現代語訳の問題

「事を未然に防ぐ」具体的説明の部分

傍線部ロは、返り点・送り仮名が付いているので、「**良医《りやうい》は其《そ》の未《いま》だ発《はっ》せざるを医《いや》して、明君《めいくん》は其《そ》の本謀《ほんぼう》を絶《た》つ**」と読む。

「**本謀**」には、「首謀者」という(**注**)がある。

この部分は、「人《ひと》の病《やまひ》も」「国《くに》の乱《みだれ》も」、淳于髡が言ったことに従っていれば、火災が未然に防げたのと同じように害が防げたはずだということの、具体例になっている。

つまり、「良医《りやうい》(=すぐれた医者)」は、病気が「未《いま》だ発《はっ》せざる(=まだ発症しない)」うちに、その病気のもとになりそうなところを「医《いや》し(=治し)」、「明君《めいくん》(=賢明な君主)」は、「乱《みだれ》(=反乱。謀反)」が起きる前に、「其《そ》の本謀《ほんぼう》(=謀反の首謀者)」を「絶《た》つ(=根絶する。排除する。つかまえる)」ということである。

解答例と、採点上のポイント

a、すぐれた医者は、……………………1点
b、病気が発症しないうちに……………1点
c、もとを治し、…………………………1点
d、賢明な君主は…………………………1点
e、謀反が起きる前に……………………1点
f、首謀者を排除する……………………1点

aは、「良い医者」「名医」など、bは、「まだ発症しないうちに」「病気になる前に」などでもよい。cは、「治し」だけでも可とする。「病気の原因を取り除き」などでもよい。dは、「立派な君主」「すぐれた君主」などでもよい。「良医」「明君」のままでなく、言いかえたい。eは、bに対応するように補いたい。「事《こと》が起きる前に」などでもよい。fの「排除」は、「つかまえる」「根絶やしにする」などでもよい。

解答

すぐれた医者は病気が発症しないうちにもとを治し、賢明な君主は謀反が起きる前に首謀者を排除する。

問四 傍線部の内容(および本文の趣旨)を説明する問題

「重」と「軽」が何かをとらえる!

傍線部ハは、返り点・送り仮名が付いているから、「**猶《な》ほ彼《か》の人殆《ひとほとん》ど事《こと》の重軽《ちようけい》を失《うしな》ふがごとし**」で、直訳すれば、「あたかもあの人が事の軽重を見失っていたようなものである」。

設問は、「『彼の人』が誰を指すかを明らかに」してという条件があって、「事《こと》の重軽《ちようけい》を失《うしな》ふ」とはどういうことかを問うている。

「事《こと》の重軽《ちょうけい》を失《うしな》ふ」は、淳于髡と隣家の人の話のあとに言われていた**「其《そ》の本《もと》を賤《いや》しみて末《すゑ》を貴《たっと》ぶ」**と同義で、「事の根本にあたるものを軽視して、末節にあたるものを尊んでいる」こと。具体的には、隣家の主が、淳于髡の忠告を聞いていれば火事にならずに済んだのに、忠告に耳をかさずに火事を起こし、消火にあたった近隣の人々をもてなしたのに、淳于髡を宴席に呼びもしなかったことをさしている。

よって、「重軽《ちょうけい》を失《うしな》」っている**「彼《か》の人《ひと》」**は、「淳于髡の隣家(の主)」である。

「重」と**「軽」**は、当然、「重」のほうが大切であり、淳于髡の話や、「良医」「明君」の件を考えれば、「事を未然に防ぐ」ために大切なことは何かということである。

隣家の主は、それがわかっていなかったということ、それが「重軽《ちょうけい》を失《うしな》ふ」ということである。「事」が起きてから対処することよりも、**「事」が起きる前に未然に処置することのほうが大事**なのである。

解答例と、**採点上のポイント**

a、隣家が、……………………………………2点
b、火災の危険を忠告した淳于髡に感謝せず…………2点
c、消火にあたった人々をもてなしたように、…………2点
d、事を未然に防ぐために大切なことが何かをわかっていない………………………………4点
e、ということ。……………………………不問

aは、「淳于髡の隣家(の主・の主人)が」などでもよい。ここが設問の条件「彼の人」にあたる。b・cは、淳于髡と隣家との話、「重軽」の「失」い方の、本文全体を踏まえた具体例になる。必須ではないが、七五字という字数を考えると入れたい。dが「重軽《ちょうけい》を失《うしな》ふ」そのものの説明。「重要なことと些《さ》末《まつ》なこととを見誤っている」などでもよい。eは、文末の「…ということ」の有無は不問とする。

重要句法 **再読文字「猶」**

猶《ホ》シ《レ》 **A** ノ(スルガ)　(由)

読　なホAノ(スルガ)ごとシ
訳　あたかもAの(Aする)ようだ
　　ちょうどAと同じだ

解答

隣家が、火災の危険を忠告した淳于髡に感謝せず、消火にあたった人々をもてなしたように、事を未然に防ぐために大切なことが何かをわかっていないということ。

10 「送徐無党南帰序《じょむとうのなんきするをおくるのじょ》」

九州大学

別冊（問題）p.62

解答・配点

問1 （1）そのひとあげてかぞふ（う）べからず　（3点）

（2）著書之士　（3点）

問2 （1）方㆘其用㆓心与㆑力之労㆖　（3点）

（2）書物を著す人がその精神と体力を著述に費やした労苦に比べると　（6点）

問3 草木や鳥獣や人間がいずれ必ず滅び失せるのと同じく、書物に記された言葉や文章もいつかは滅び失せるので、頼りにはできないということ。　（8点）

問4 古《いにしえ》の聖人や賢者の著作が、いつまでも朽ちることなく残っていることを敬慕しない者はないが　（6点）

問5 今の学者が生涯精神を傾注して著した文章も、いつかは必ず消滅する運命にあるから。（39字）　（10点）

問6 ⓐ より
ⓑ またなんぞ
ⓒ つひ（い）に　（各1点　3点）

問7 （イ）・（エ）・（ク）　（各1点　3点）

※大問の配点の45点は、大学側の公表による。
※小問の配点は、設問のバランスからの推定による。

／45

出典

▼欧陽脩《おうようしゅう》「**徐無党の南帰するを送るの序**」（『唐宋八大家文読本《とうそうはちだいかぶんとくほん》』巻十一所収）の一節

欧陽脩（一〇〇七～一〇七二年）は、北宋《ほくそう》の時代の政治家、文学者で、「**唐宋八大家**」（47ページ参照）の一人として、文章家としても著名である。この文章も、『唐宋八大家文読本』に収められている。

書き下し文・通釈

▲書き下し文▼

予《よ》班固《はんこ》の芸文志《げいもんし》・唐《たう》の四庫《しこ》の書目《しよもく》を読《よ》み、其《そ》の列《れつ》する所《ところ》を見《み》るに、三代《さんだい》・秦《しん》・漢《かん》より以来《いらい》、書《しよ》を著《あらは》すの士《し》、多《おほ》き者《もの》は百余篇《ひやくよへん》に至《いた》り、少《すくな》き者《もの》は猶《な》ほ三四十篇《さんしじつぺん》なり。其《そ》の人《ひと》勝《あ》げて数《かぞ》ふべからず。而《しか》れども散亡磨滅《さんばうまめつ》し、百《ひやく》に一二《いちに》も存《そん》せず。

予《よ》窃《ひそ》かに其《そ》の人《ひと》を悲《かな》しむ。文章《ぶんしやう》は麗《うるは》しく、言語《げんご》は工《たくみ》なるも、草木《さうもく》の栄華《えいぐわ》の風《かぜ》に飄《ひるが》へり、鳥獣《てうじう》の好音《かうおん》の耳《みみ》を過《すぐ》るに異《こと》なる無《な》きなり。其《そ》の心《こころ》と力《ちから》とを用《もち》ふるの労《らう》に方《くら》ぶれば、亦何《またなん》ぞ衆人《しゆうじん》の汲《きふ》汲営営《きふえいえい》として、而《しか》して忽焉《こつえん》として以《もつ》て死《し》する者《もの》に異《こと》ならん。遅《おそ》き有《あ》り速《はや》き有《あ》りと雖《いへど》も、而《しか》も卒《つひ》に三者《さんしや》と与《とも》に同《おな》じく泯滅《びんめつ》に帰《き》す。夫《そ》れ言《げん》の恃《たの》むべからざるや、蓋《けだ》し此《か》くのごとし。今《いま》の学《がく》者《しや》、古聖賢《こせいけん》の朽《く》ちざるを慕《した》はざる莫《な》きも、而《しか》も一世《いつせい》を勤《つと》めて以《もつ》て心《こころ》を文字《もじ》の間《かん》に尽《つ》くす者《もの》は、皆悲《みなかな》しむべきなり。

▲通釈▼

私は班固の『芸文志』や唐の宮廷図書館の目録を読み、そこに列記されたものを見たが、夏・殷《いん》・周・秦・漢以来、書物を著した人物は、多い者は百篇《ぺん》余り、少ない者でも三、四十篇（の書物を著しているの）である。その数は数えきれないほど多い。しかし（著された書物は）散逸したり消滅したりして、百のうち一つ二つも残っていない。

私はひそかに書物を著した人々を悲しむ。文章は美しく、表現は巧みであるのに、草木の咲き誇る花が風に吹かれて散り、鳥獣の心地よい鳴き声が耳を通り過ぎて消えてゆくのと同じである。その精神と体力を（著述に）費やした労苦に比べると、世の人々でせっせと休まずに仕事をして、突然死んでしまう者と異ならない。遅い早いはあるものの、結局は草木、鳥獣、衆人の三者と同じく滅び失《う》せてしまう。そもそも言葉（＝文章）が頼りにできないのは、思うにこのようである。今の世の学問をする者は、（書物によって残された）古《いにしえ》の聖人、賢者（の言葉・文章）が朽ち果てず残っていることを敬慕しない者はないが、一生涯努力して精神を文字にささげる者は、皆悲しむべき者である。

設問解説

問1 すべてひらがなの書き下し文と指示語の問題

「不可勝…」は「あゲテ…べカラず」！

（1）は、傍線部①「**其人不レ可ニ勝数一**」の書き下し問題。

「**其人**」は「其《そ》の人《ひと》」である。

このあとの「**不レ可ニ勝数一**」には、このように読まなければならないという「**型**」がある。

重要句法 **「勝ゲテ…ベカラず」**

不レ可《カラ》ニ勝《ゲテ》A《ス》一

読 あゲテAスべカラず

訳 Aしきれないほど多い

＊返り点がなければ「不レ可レ勝レA」として、「Aスルニたフベカラず」と読むこともできるが、意味は同じである。

よって、（1）の書き下し文は、ズバリ「其《そ》の人《ひと》勝《あ》げて数《かぞ》ふべからず」。「**数**」は、ハ行下二段活用の「かぞフ」。

すべてひらがなにして、

（1）の**正解は、**「**そのひとあげてかぞふ（う）べからず**」。

条件は、「**現代仮名づかいでもよい**」になっている。

（2）「**其《そ》の人《ひと》**」は、直前部の、「多《おほ》き者《もの》は百余篇《ひやくよへん》に至《いた》り、少《すくな》き者《もの》は猶《な》ほ三四十篇《さんしじつぺん》」の文章を残している、「著レ書之士」である。

（2）の**正解は、**「**著書之士**」。

解答

（1）そのひとあげてかぞふ（う）べからず

（2）著書之士

問2 返り点の付け方と現代語訳の問題

「A与レB」の「与」がポイント！

（1）の**返り点の問題**は、設問に、「**そのこころとちからとをもちふるのろうにくらぶれば**」と、すべてひらがなによる読み方が与えられている。

傍線部②の字がどの読みに相当しているかを見ると、「その（**其**）→こころと（**心**）→ちから（**力**）→と（**与**）を→もちふる（用）↓の（之）↓ろう（労）に↓くらぶれば（方）」となる。

ポイントは、55ページで詳しくまとめた「与」の用法と、最後の「くらぶれば」と読む字が「方」しか残っていないことである。漢和辞典を見れば、「方」に「くらブ（バ・下二段）」という読み方はあるが、熟語から連想することも難しく、ほかに「くらぶれば」を読める字がないからと考えるしかない。

「与」は、用法が多いが、「と」の読み方が重要である。

重要句法 「A与ㇾB」「与ㇾA」

A ト与ㇾ B　読 AトBと　訳 AとBと

与ㇾ A …（スル）　読 Aと…（スル）　訳 Aと…（する）

字の読み順は、「其↓心↓力↓与↓用↓之↓労↓方」。

「其《そ》の心《こころ》と力《ちから》（其↓心↓力）」までは下へ行くだけである。「力《ちから》とを」の「と」が「与」であるから、まず「与」の左下には「力」から一字返るための「レ」点が付くが、「与」からは二文字上の「用《もち》ふる」へ返るので、「与」の左下は「㆑」になって、「用」の左下が「二」になる。

一二点のあとの、「の労《ろう》に」までは下へ行っている。そして、「労」から「方」へ七文字返るのであるが、一二点はすでに用い、それをはさんで上へ返ることになるので、「労」の左下に「上」、「方」の左下に「下」が付くことになる。

（1）の正解は、「方下其 用二心 与㆑力 之 労上」。

（2）は、この傍線部②の現代語訳の問題である。

「其」がさすものは、第二段落冒頭の「其《そ》の人《ひと》」イコール第一段落の「書を著《あらは》すの士《し》」、つまり「著者」である。

「心《こころ》」と「力《ちから》」は、「精神。気持ち」と「体力。能力」などであろう。

「用《もち》ふるの労《ろう》」は、「心」と「力」とを「著述に費やす（尽くす）労苦（苦労）」。

よって、**解答例**と、**採点上のポイント**は、

a、書物を著す人（著者）が……………1点
b、その精神と体力を……………2点
c、著述に費やした労苦に……………2点
d、比べると（比べれば）……………1点

dは、下へ続く形になっていてほしい。

解答

（1）方下其 用二心 与㆑力 之 労上
（2）書物を著す人がその精神と体力を著述に費やした労苦に比べると

問3 傍線部の内容説明の問題

「此クノごとシ」は何をさすのか？

傍線部③「**夫言之不レ可レ恃也、蓋如レ此**」は、送り仮名が一部省かれている。

「**夫**」は、文頭では「そレ」と読み、「そもそも」の意。

「**言之**」は、「言《げん》の」。「言《げん》」は、「言葉。文章」。「の」は主格（…ガ）。

「**不レ可レ恃**」は、「たのむべからず」。「頼りにすることができない」の意。ここから「**也**」へ行くので、「たのむべからざるや」と読む。

「言《げん》の恃《たの》むべからざる」とは、第一段落末尾の、多くの人が古来文章を著したであろうが、しかしそれらは、「**散亡磨滅《さんばうまめつ》し、百《ひゃく》に一二《いちに》も存《そん》せず**（＝散逸したり消滅したりして、百のうち一つ二つほども残っていない）」を踏まえている。

「**蓋《けだ》し**」は「思うに…」。重要語で、読みの問題にもよく出る。

「**此《か》くのごとし**」は、「このようである」であるが、そのさし示す内容は、**直前部**の、「**遅《おそ》き有《あ》り速《はや》き有《あ》りと雖《いへど》も、而《しか》も卒《つひ》に三者《さんしゃ》と与《とも》に同《おな》じく泯滅《びんめつ》に帰《き》す**（＝遅い早いはあるが、結局は三者と同じく滅び失せてしまう）」をさす。「**三者《さんしゃ》**」とは、第二段落にある、咲きほこる花もいずれ風に散る「**草木《さうもく》**」、美しい鳴き声も耳を通り過ぎるだけの「**鳥獣《てうじう》**」、たゆまず仕事にいそしんでいても突然死んだりもする「**衆人《しゅうじん》**」、である。

これら「三者《さんしゃ》」がいずれ必ず滅び失せるのと同じように、「言《げん》」もまた「頼りにはできない」ものだと言っているのである。

解答例と、採点上のポイント

a、草木や鳥獣や人間が……………………1点
b、いずれ必ず滅び失せるのと同じく……………1点
c、書物に記された言葉や文章も……………2点
d、いつかは滅び失せるので………………2点
e、頼りにはできない　……………………2点
f、ということ。……………………………不問

解答

草木や鳥獣や人間がいずれ必ず滅び失せるのと同じく、書物に記された言葉や文章もいつかは滅び失せるので、頼りにはできないということ。

問4 傍線部の現代語訳の問題

二重否定「莫不…」がポイント！

傍線部④には訓点が付いているから、「**古聖賢《こせいけん》の朽《く》ちざるを慕《した》はざる莫《な》きも**」と読む。

「古聖賢《こせいけん》」となっているが、ふつうは「古《いにしへ》の聖賢《せいけん》」と読むところである。「聖賢」は、「聖人と賢者」という（**注**）が付いている。「**聖人**」は、儒家的には、古代の伝説上の聖天子である「堯《ぎょう》・舜《しゅん》・禹《う》」や、「殷《いん》の湯《とう》王、周《しゅう》の文《ぶん》王・武《ぶ》王、周公旦《しゅうこうたん》」あるいは孔子《こうし》をいう。

ただ、ここでは、「聖賢」は、誰か「人物」のことをさしているというよりは、その人たちが書き残した「著作」のことを言っているとすべきであろう。それがたいがいの書物が失われているのに、「朽ちない」でずっと残っているのを、ということである。

このあとに「**莫 不…**」の**二重否定**の形がある。

重要句法 **二重否定の形**

❶ 無レシ 不レル（ハ） Aセ　（莫）
読 Aセざル（ハ）なシ
訳 Aしないもの（こと）はない

❷ 無レシ 非レザル（ハ） Aニ
読 Aニあらザル（ハ）なシ
訳 Aでないもの（こと）はない

❸ 非レズ 不レルニ Aセ
読 Aセざルニあらズ
訳 Aしないの（Aしないわけ）ではない

❹ 非レズ 無レキニ A
読 Aなキニあらズ
訳 Aがないの（Aがないわけ）ではない

❺ 不二 敢ヘテ 不一ンバアラ Aセ
読 あへテAセずンバアラず
訳 Aしないわけにはいかない

❻ 不レ 可レカラ 不レル Aセ
読 Aセざルべカラず
訳 Aしなければならない

「慕《した》はざる莫《な》し」で「慕わない者はない」であるが、末尾に「モ」があるので、**逆接**の訳が必要である。

解答例と、採点上のポイント

a、古の聖人や賢者の著作が……………2点
b、いつまでも朽ちることなく残っていることを………2点
c、敬慕しない者はないが………………2点

aは、「著作（文章）」がないものは1点減点。bは、類する表現で可。cは、「誰しもが敬慕するが」のようでも可。文末の逆接がないものは1点減点とする。

解答 古の聖人や賢者の著作が、いつまでも朽ちることなく残っていることを敬慕しない者はないが

問5 傍線部の理由・心情説明の問題

直前に「解答の根拠」がある！

「何がどうなるので」悲しいと思うのかという問いである。

「何が」に相当するのは、**「今《いま》の学者《がくしゃ》」**が**「一世《いっせい》を勤《つと》めて以《もっ》て心《こころ》を文字《もじ》の間《かん》に尽《つ》くす**（＝一生涯心を尽くして文字（文章）に専心する）」ことである。

それが**なぜ「悲しい」のか**は、「古の聖賢の文章が朽ちることがない」のとは違って、いずれすべて**「泯滅《びんめつ》に帰《き》」**して、**「散亡磨滅《さんぼうまめつ》し」**てしまう運命だからである。

解答例と、採点上のポイント

a、今の学者が……………………………2点
b、生涯精神を傾注して著した文章も……4点
c、いつかは必ず消滅する運命にある……4点
d、から。……………………………………不問

aは、「今どきの」「学ぶ人が」などでもよい。これがなく「古の聖賢の文章とは違って」のような要素が、aの位置、あるいはbとcの間にあってもよい。

bは、「生涯心をこめて書いた文章も」「いくら文章に心を尽くしても」などでもよい。cは、「やがて」「滅び失せる」などでも可。「運命」はなくても可。

解答 今の学者が生涯精神を傾注して著した文章も、いつかは必ず消滅する運命にあるから。

問6 漢字の読みの問題

返読する「自」は「より」！

ⓐ「自㆓三代・秦・漢㆒」と返読しているから、当然「より」である。

同字異訓 「自」の用法

❶ みづから………（副詞）自分から。自分自身で。自分で。（＝**親**）
❷ おのづから……（副詞）自然に。ひとりでに。
❸ よル……………（ラ・四段）もとづく。
❹ より……………返読文字。起点を表す。（＝**由・従**）

ⓐの**正解は、「より」**。

ⓑ「**亦何**」は、二文字の熟語ではない。

「**亦**」は「**また（まタ）**」。「…モ亦」と用いられていることが多い。

「**何**」は、そのあとに「…者《もの》に異《こと》ならん」とあることからも、反語の「**なんゾ**」である。

「何」の答が「なんぞ」でいいのは、かえって不安になるむきもあるだろうが、考えすぎなくて可。

ⓑの**正解は**、「**またなんぞ**」。

ⓒ「**卒**」は、62ページでもまとめたように、「**つひニ**」。「**遂・終・竟**」などと同じである。

ⓒの**正解は**、「**つひに**」、あるいは「**ついに**」。

読みの問題も、「**現代仮名づかいでもよい**」である。

解答 ⓐ より　ⓑ またなんぞ　ⓒ つひ（い）に

問7 文学史の問題

文学史の出題は九州大の特徴！

文学史（**思想史・文化史**）の出題は、漢文では非常に稀《まれ》であるが、九州大文学部ではほぼ毎年出題されている。

選択肢問題ではあるが、出題の幅は広く、一般の受験勉強ではキビシい選択肢もあるので、しっかり準備しておかなくてはならない。

「欧陽脩」は、「宋」の時代の官僚、文章家、詩人である。設問は、「**宋代にできた作品**」を選ぶのであるが、いくつという指定はなく、「**全て**」であるから、慎重に。

大変そうであるが、まず、常識的に「これは宋でない」ものを省く。

（ウ）「**論語**《ろんご》」、（カ）「**孟子**《もうし》」は、紀元前で、古い。

（オ）「**出師表**《すいしのひょう》」は、諸葛孔明《しょかつこうめい》とわかっていれば、三国時代であるから、これも消去。

（キ）「**長恨歌**《ちょうごんか》」は、白居易《はくきょい》であるから、唐代である。

（ア）「**文選**《もんぜん》」は、六朝時代の梁《りょう》の昭明太子《しょうめいたいし》によるもので、日本でも平安時代にはすでに読まれていたから、消去。

（ケ）「**西遊記**《さいゆうき》」（呉承恩《ごしょうおん》）、（コ）「**三国志演義**《えんぎ》」（羅貫中《らかんちゅう》）は難しいが、二つとも、「水滸伝《すいこでん》」（施耐庵《したいあん》）「金瓶梅《きんぺいばい》」と並んで、明《みん》代の「四大奇書」とされている小説である。

残りの、（イ）「**新唐書**」は、唐代を記した正史で、当然、次の時代よりあとに編まれるので、宋。（エ）「**赤壁賦**《せきへきのふ》」は、蘇軾《そしょく》の名文である。蘇軾は、王安石《おうあんせき》らとともに、宋代を代表する文章家、詩人である。（ク）「**四書集注**《ししょしっちゅう》」は、宋代の大学者朱熹《しゅき》（朱子《しゅし》）による、『論語』『孟子』『大学《だいがく》』『中庸《ちゅうよう》』の注釈書。

よって、**正解は**、（イ）（エ）（ク）の三つである。

解答 （イ）・（エ）・（ク）

まとめ 中国の文学史

❶ 唐《とう》代以前

a 『詩経《しきょう》』……殷《いん》・周《しゅう》の時代の詩集。

b 『楚辞《そじ》』……戦国時代。屈原《くつげん》「漁父辞《ぎょふじ》」など。

c 三国《さんごく》時代……魏《ぎ》の曹植《そうしょく》（父曹操《そう》・兄曹丕《ひ》）

d 六朝《りくちょう》時代……東晋《とうしん》の陶潜《とうせん》（字・淵明《えんめい》）「帰去来辞《ききょらいのじ》」「桃花源記《とうかげんのき》」「五柳先生伝《ごりゅうせんせいでん》」など。

❷ 唐代……近体詩の確立

a 初《しょ》唐

b 盛《せい》唐……李白《りはく》（詩仙）・杜甫《とほ》（詩聖）・王維《おうい》（詩仏）・孟浩然《もうこうねん》など。

c 中《ちゅう》唐……白居易《はくきょい》（字・楽天《らくてん》）『白氏文集《はくしもんしゅう》』。韓愈《かんゆ》・柳宗元《りゅうそうげん》・李賀《りが》など。

d 晩《ばん》唐……杜牧《とぼく》・李商隠《りしょういん》など。

❸ 宋《そう》代……蘇軾《しょしょく》・王安石《おうあんせき》・陸游《りくゆう》

＊「唐宋八大家《とうそうはちだいか》」……古文復興運動の名文家たち。

（唐）韓愈《かんゆ》・柳宗元《りゅうそうげん》

（宋）欧陽脩《おうようしゅう》・蘇洵《そじゅん》・蘇軾《そしょく》・蘇轍《そてつ》・王安石《おうあんせき》・曽鞏《そうきょう》

❹ 明《みん》代の四大奇書……『三国志演義《さんごくしえんぎ》』（羅貫中《らかんちゅう》）

❺ 清代の章回小説……『水滸伝《すいこでん》』（施耐庵《したいあん》）『西遊記《さいゆうき》』（呉承恩《ごしょうおん》）『金瓶梅《きんぺいばい》』『聊斎志異《りょうさいしい》』『儒林外史《じゅりんがいし》』『紅楼夢《こうろうむ》』

まとめ 中国の思想史

❶ 春秋《しゅんしゅう》・戦国《せんごく》時代の諸子百家《しょしひゃっか》

a 儒家《じゅか》……孔子《こうし》（孔丘《きゅう》）「仁」「修己治人《しゅうこちじん》」

孟子《もうし》（孟軻《か》）「仁義」「王道論」「性善説」（四端《したん》）

荀子《じゅんし》（荀況《きょう》）「礼《れい》」「性悪説」

＊四書《ししょ》……『論語《ろんご》』『孟子《もうし》』『大学《だいがく》』『中庸《ちゅうよう》』

＊五経《ごきょう》……『易経《えき》』『書経《しょ》』『詩経《し》』『礼記《らいき》』『春秋《しゅんしゅう》』

b 道家《どうか》……老子《ろうし》（李耳《りじ》・聃《たん》）「道」「無為自然《むいしぜん》」

荘子《そうし》（荘周《しゅう》）「万物斉同《せいどう》」「無用之《の》用」

列子《れっし》（列禦寇《ぎょこう》）・楊子《ようし》（楊朱《しゅ》）

c 法家《ほうか》……韓非子《かんびし》（韓非）「法治」「信賞必罰」

d 墨家《ぼっか》……墨子《ぼくし》（墨翟《てき》）「兼愛《けんあい》」「非攻《ひこう》」「節用《せつよう》」

e 兵家《へいか》……孫子《そんし》（孫武《ぶ》）

❷ 朱子《しゅし》（朱熹《き》）……北宋の時代の思想家。「朱子学」。
『近思録《きんしろく》』『四書集注《しっちゅう》』

❸ 王陽明《おうようめい》……明代の思想家。「陽明学」。『伝習録《でんしゅうろく》』

まとめ　中国の史書

❶『史記《しき》』……前漢の司馬遷《しばせん》の著。中国で最初の通史。
紀伝体《きでんたい》（本紀《ほんき》・世家《せいか》・列伝《れつでん》）。
正史《せいし》の第一番目。

❷ 正史……2『漢書《かんじょ》』（班固《はんこ》）
3『後漢書《ごかんじょ》』（范曄《はんよう》）
4『三国志』（陳寿《ちんじゅ》）

＊以下、『明史《みんし》』までを「二十四史《にじゅうしし》」という。

❸ その他の史書

a「春秋左氏伝《さしでん》」（左丘明《さきゅうめい》）……『春秋』の注釈書。
b『国語《こくご》』……春秋時代の国別の記録。
c『戦国策《せんごくさく》』（劉向《りゅうきょう》）……戦国時代の国別の記録。
d『貞観政要《じょうがんせいよう》』（呉兢《ごきょう》）……唐の太宗《たいそう》と臣下の言行録。
e『資治通鑑《しじつがん》』（司馬光《しばこう》）
f『十八史略《じゅうはっしりゃく》』（曽先之《そうせんし》）……初学者用の通史。

11

『三国史記《さんごくしき》』

東京大学

別冊（問題）
p.68

解答・配点

問㈠ 身分の卑しい者でさえ嘘偽《うそ》りは言わないものです。ましてこの上ない身分の人間（王）であればなおさらです。（6点）

問㈡ 公主が温達に嫁ぎたければ好きにすればよいということ。（5点）

問㈢ 公主が、温達に、妻にしてほしいという思いを語ったということ。（5点）

問㈣ 私の息子はいたって田舎者で、高貴な方の夫となるほどの者ではありません。（6点）

問㈤ 二人の心が通い合っているのなら、夫婦になるのに必ずしも富や身分など必要ではないということ。（8点）

※大問の配点は、国語の満点からの推定。
※小問の配点は、設問のバランスからの推定による。

/30

出典

▼『**三国史記**』巻第四十五〈列伝第五・温達〉の一節

朝鮮の古代の、新羅《しらぎ》・高句麗《こうくり》・百済《くだら》の三国に関する史書。高麗（九一八～一三九二年）の仁宗二十三（一一四五）年、金富《きんぷ》軾《しょく》らが選上した。司馬遷《しばせん》の『**史記**《しき》』の紀伝体の形式にならっている。全五十巻。中国の史料の転用が少なくないが、古代朝鮮の歴史を研究するための不可欠な文献となっている。

書き下し文・通釈

▲書き下し文▼

温達《おんたつ》は、高句麗平岡王《かうくりへいかうわう》の時《とき》の人《ひと》なり。破衫弊履《はさむへいり》して、市井《しせい》の間《かん》に往来《わうらい》す。時人之《じじんこれ》を目《もく》して愚温達《ぐおんたつ》と為《な》す。平岡王《へいかうわう》の少女《せうぢよ》児《じ》好《よ》く啼《な》く。王戯《わうたはむ》れて曰《いは》く、「汝常《なんぢつね》に啼《な》きて我《わ》が耳《みみ》に聒《かまびす》し、当《まさ》に之《これ》を愚温達《ぐおんたつ》に帰《とつ》がしむべし」と。王毎《わうつね》に之《これ》を言《い》ふ。女年二八《むすめとしにはち》に及《およ》び、王高氏《わうかうし》に下嫁《かか》せしめんと欲《ほつ》す。公主対《こうしゆこた》へて曰《いは》く、「大王常《だいわうつね》に汝必《なんぢかなら》ず温達《おんたつ》の婦《ふ》と為《な》れと語《つ》ぐ。今何故《いまなにゆゑ》に前言《ぜんげん》を改《あらた》むるか。匹《ひつ》夫《ぷ》すら猶《な》ほ食言《しよくげん》せんと欲《ほつ》せず、況《いは》んや至尊《しそん》においてをや。故《ゆゑ》に曰《いは》く『王者《わうじや》に戯言《ぎげん》無《な》し』と。今大王《いまだいわう》の命謬《めいあやま》れり。妾敢《せふあへ》て祗《つつし》みて承《う》けず」と。王怒《わういか》りて曰《いは》く、「宜《よろ》しく汝《なんぢ》の適《ゆ》く所《ところ》に従《したが》ふべし」と。是《ここ》に於《おい》て公主宮《こうしゆきゆう》を出《い》で独《ひと》り行《ゆ》きて、温達《おんたつ》の家《いへ》に至《いた》る。盲《めしい》たる老母《らうぼ》に見《まみ》え、拝《はい》して其《そ》の子《こ》の在《あ》る所《ところ》を問《と》ふ。老母対《らうぼこた》へて曰《いは》く、「惟《こ》れ我《わ》が息《そく》飢《う》うるに忍《しの》びず、楡皮《ゆひ》を山林《さんりん》に取《と》る。久《ひさ》しくして未《いま》だ還《かへ》らず」と。公主出《こうしゆい》で行《ゆ》きて山下《さんか》に至《いた》り、温達《おんたつ》の楡皮《ゆひ》を負《お》ひて来《きた》るを見《み》る。公主之《こうしゆこれ》と懐《おもひ》を言《い》ふ。温達悖然《おんたつぼつぜん》として曰《いは》く、「此幼女子《これえうぢよし》の宜《よろし》く行《おこな》ふべき所《ところ》に非《あら》ず、必《かなら》ず人《ひと》に非《あら》ざるなり」と。遂《つひ》に行《ゆ》きて顧《かへり》みず。公主明朝更《こうしゆみやうてうさら》に入《い》り、母子《ぼし》と備《つぶさ》に之《これ》を言《い》ふ。温達依違《おんたついゐ》して未《いま》だ決《けつ》せず。其《そ》の母曰《ははいは》く、「吾《わ》が息至《そくいた》つて陋《ろう》にして、貴人《きじん》の匹《ひつ》と為《な》るに足《た》らず。吾《わ》が家至《いへいた》つて窶《まず》しく、固《もと》より貴人《きじん》の居《きよ》に宜《よろ》しからず」と。公主対《こうしゆこた》へて曰《いは》く、「古人言《こじんい》ふ『一斗《いつと》の粟《ぞく》猶《な》ほ舂《つ》くべく、一尺《いつしやく》の布《ふ》猶《な》ほ縫《ぬ》ふべし』と、則《すなは》ち苟《いやし》くも同心《どうしん》たれば、何《なん》ぞ必《かなら》ずしも富貴《ふうき》にして然《しか》る後《のち》に共《とも》にすべけんや」と。乃《すなは》ち金釧《きんせん》を売《う》りて、田宅牛馬器物《でんたくぎうばきぶつ》を買得《ばいとく》す。

▲通釈▼

温達（オンダル）は、高句麗の平岡王の時代の人である。破れた上着にはき古したぞうりで、町の中を行き来していた。当時の人々はそれを見て「馬鹿温達」とよんでいた。（時に）平岡王の幼い娘はよく泣く子だった。王はふざけて、「おまえはいつも泣いてばかりいて耳が痛い、（そんなことでは）馬鹿温達に嫁がせなくてはならぬ」と言った。（その後も）王はいつも口ぐせのようにそう言っていた。娘が十六歳になったので、王は高氏のもとに嫁がせようと考えた。公主は、「大王は常々おまえは温達の妻になれとおっしゃっていました。（それが）今どうして前におっしゃったことを覆されるのでしょうか。身分の低い者でさえ嘘偽りは言わぬものです、ましてこの上ない身分の者がそうであるのは言うまでもありません。それ故（昔から）『王者に冗談はない』と申します。今大王の命令は間違っておいでです。私は、決して承知いたしません」と言った。平岡王は怒って、「おまえの嫁ぎたいところへ行けばよい」と言った。そこで公主は宮殿を出て一人で温達の家に向かい、（温達の）目の不自由な老母にお目にかかり、挨拶をして温達がどこにいるかを尋ねた。老母は、「私の息子は空腹に耐えられず、山林にニレの樹皮を採りに行きました。だいぶ経っていますがまだ戻って来ません」と答えた。公主は山の麓に行き、温達がニレの樹皮を背負って下りて来るのに出会った。公主は温達に（妻にしてもらいたいという）思いを告げた。温達は顔色を変えて、「ここは若い女性が来てよい場所ではない、（あなたは）きっと人間ではないにちがいない」と言い、そのまま振り返ることなく去って行った。公主は翌朝あらためて（温達の家を）訪ね、母と息子に詳細を語った。温達はぐずぐずして（娘を妻に迎えることを）決断できないでいた。温達の母は、「私の息子はいたって卑しい田舎者で、高貴な方の夫となるほどの者ではございません。私の家はひどく貧しく、もともと身分の高い方がお住まいになるにはふさわしくありません」と言った。公主は、「昔の人は『たった一斗の粟《あわ》でも臼でつくことはできる、たった一尺の布でも縫うことはできる』と言っています。つまり、かりにも心が通い合えば、どうして富と身分を得たあとにいっしょにならなければならないことがありましょう（今は富も身分もなくて構いません）」と答えた。そこで（持っていた）金製のうでわを売り、畑、家、牛、馬、家財道具を買い入れた。

設問解説

問㈠ 傍線部の現代語訳の問題

抑揚の公式「A猶B、況C乎」に着眼！

傍線部aは、返り点は付いている。

匹 夫 **猶** 不レ 欲ニ 食 言一、**況** 至 尊 **乎**。

これを見て、すぐに**抑揚の公式**があることに気がつかなければならない。抑揚の公式は36ページにもあった。

重要句法　抑揚の公式

A《スラ》猶《ホ(かツ)》B、況《ンヤ》C《ヲ》乎

（且《ツ》　尚《ホ》）

読　Aスラなホ（かツ）B、いはンヤCヲや

訳　AでさえBなのだ（から）、ましてCであればなおさら（B）だ

＊後半の「況ンヤ…ヲや」が、「安クンゾ…ンや」「何ゾ…ンや」のような**反語形**になっている形もある。

右の公式のAにあたる「**匹夫**《ひっぷ》」は、漢文では重要単語の一つで、「身分の低い男。教養のない男」の意である。

Cの位置にある「**至尊**《しそん》」はそれと**対比**されているのであるから、字義から考えて、「この上ない身分の高い者」で、公主の言わんとしているのは、父である「大王」のことである。

「**食言**《しょくげん》」は見慣れない語で、（**注**）も付いていないが、語の構成からすると、「言《げん》を食《は》む」あるいは「言《げん》を食《く》らふ」で、自分が前に言った言葉を食べてしまってなかったことにする、つまり、嘘をつくことを言っている。ここで公主が父大王に対して言いたいのは、直前の、父が、「常《つね》に汝必《なんぢかなら》ず温達《おんたつ》の婦《ふ》と為《な》れと語《つ》げていたのに、高氏に嫁がせようとして、「前言《ぜんげん》を改《あらた》」めたことに対する反発であるから、直前部からも、「食言《しょくげん》」は類推したい。

よって、読み方は、「**匹夫**《ひっぷ》**すら猶**《な》**ほ食言**《しょくげん》**せんと欲**《ほっ》**せず、況**《いは》**んや至尊**《しそん》**においてをや**」で、「身分の低い者でさえ、嘘偽りはのぞまない、ましてこの上ない身分の者はなおさらだ」と直訳される。

解答例と、**採点上のポイント**

a、身分の卑しい者でさえ……………1点

b、嘘偽りは言わないものです。……………2点

c、まして…であればなおさらです。……………2点

d、この上ない身分の者……………1点

d「この上ない身分の者」は「大王。大王様。王」でも可。「なおさらです」は、「なおさら嘘偽りは言わないものだ」と、公式のBに相当するものを補ってあってもよい。cの抑揚形の訳し方がポイント。

a「匹夫」、d「至尊」のままにしているもの、「庶民。凡人」や「天子」など、取り違えているものは各々1点減点。

なお、加点減点には関係ないが、公主が父の大王に向かって言っているのであるから、解答欄のスペースに余裕があれば敬語表現くらいは注意したい。

解答　身分の卑しい者でさえ嘘偽りは言わないものです。まして この上ない身分の人間（王）であればなおさらです。

問(二)　傍線部の内容説明の問題

再読文字「宜シク…ベシ」がポイント！

傍線部bは、返り点・送り仮名が付いている。

「**宜**《よろ》**しく汝**《なんぢ》**の適**《ゆ》**く所**《ところ》**に従**《したが》**ふべし**」と読む。

まず、「宜（よろシク…ベシ）」の**再読文字**がある。

重要句法 再読文字「宜」

宜シク A ス

読 よろシクAスベシ

訳 Aするのがよろしい

「汝《なんぢ》」は、目下の者に対する二人称を表す語で、「おまえ。そなた」。ここは、「王」から「公主」に対しての言葉である。

「なんぢ」と読む字はいくつもある。

同訓異字 「なんぢ」と読む字

汝・若・爾・女・而・乃・你

「適」は「ゆク（カ・四段）」と読む。

「宜《よろ》しく汝《なんぢ》の適《ゆ》く所《ところ》に従《したが》ふべし」は、「おまえの行きたいところに行くのがよろしい」ということであるが、直前に、「王怒《わういか》りて曰《いは》く」とあるから、要は、「おまえの好きにしろ！」と突きはなした言い方である。

ところで、ここで話題になっているのは、公主の縁談である。「適」には「とつグ（ガ・四段）」という読み方（意味）があるから、「おまえの行きたいところ」は、「おまえの嫁ぎたいところ」ということである。

意味の区別まで問われることはないが、「ゆク」もいろいろある。

同訓異字 「ゆク」と読む字

❶ 行……進む。向かう。赴く。去る。過ぎゆく。
❷ 往……進む。向かう。赴く。行き着く。いたる。去る。
❸ 之……（目的地に向かって）出る。いたる。
❹ 逝……行く。進む。過ぎ去る。死ぬ。
❺ 適……赴く。いたる。より従う。嫁ぐ。
❻ 如……いたる。赴く。
❼ 征……遠くへ行く。旅に出る。
❽ 徂……進む。赴く。いたる。及ぶ。去る。死ぬ。
❾ 于……行く。

解答例と、採点上のポイント

a、公主（おまえ）が……1点
b、温達に嫁ぎたければ……2点
c、好きにすればよい……2点
d、ということ。……不問

bは、「温達に」「温達と（結婚したければ）」と、相手を明示していないものは1点減点、cは「勝手にしろ」のような表現でもよい。

解答 公主が温達に嫁ぎたければ好きにすればよいということ

と。

問㊂ 傍線部の内容説明の問題

「之」「懐」の内容は何か？

傍線部cは、「**公主《こうしゅ》之《これ》と懐《おもひ》を言《い》ふ**」である。

「**之**」は「**これ**」。公主が向かったのは「温達」の家で、温達の母に、「息子は山にニレの樹皮を採りに行っている」と言われて、山林に行き、樹皮を背負ってくる温達に出会った場面であるから、言葉をかけた対象の「之」は、「温達」である。

「**懐**」は、「**おもひ**」である。

公主が、温達に向かって語った「おもひ」とは、ここまでの話の流れから、言うまでもなく、「温達の妻にしてほしい」ということである。

解答例と、採点上のポイント

a、公主が、……………………1点
b、温達に、……………………1点
c、妻にしてほしいという思いを語った……3点
d、ということ。………………不問

aは、「公主」のままでよいが、（**注**）の「王の娘」でも可。

bは、「之」（言葉をかけた対象）を具体的に示す。ここを間違うとcも違ってくるであろうから、全体を×とする。cは、「嫁にしてほしい。あなたと結婚したい」など、言いたいことが合っていればよい。

解答 公主が、温達に、妻にしてほしいという思いを語ったということ。

問㊃ 傍線部の現代語訳の問題

「陋」「匹」の意味は何か？

傍線部dは、送り仮名が省かれている。

前半部「**吾 息 至 陋**」は、母の言葉であるから、「**吾 息**」は「吾が《わ》息《そく》」で、「私の息子は」である。「**至 陋**」は「至《いた》つて陋《ろう》」だということであるが、「**陋**」は、「せま苦しい。みすぼらしい（陋屋《ろうおく》・陋巷《ろうこう》）」「心（知識）がせまい」「卑しい。地位が低い」「田舎びている。品が悪い」「粗末だ。粗悪だ」などの意味がある。ここでは、自分の息子は「いたって田舎者で（身分の低い者で）」ということであろう。

後半部「**不㆑足㆑為㆓貴 人 匹㆒**」は、「**貴人《きじん》の匹《ひつ》と為《な》るに**（**為《な》すに**）**足《た》らず**」、あるいは、「貴人《きじん》の匹《ひつ》たるに足《た》らず」と読む。

「貴人《きじん》」は「公主」である。「**…に足《た》らず**」は「…に十分ではな

い。…につり合わない。…に値しない」の意。

「匹《ひつ》」は、「身分が低い」ことを言うことが多いが、ここでは傍線部直後の母の言葉から、「つがい。つれあい」の意に取りたい。つまり公主のような高貴な方の「夫」にはつり合わないということを言っているのである。

解答例と、採点上のポイント

a、私の息子は……………………1点
b、いたって田舎者で、……………2点
c、高貴な方の夫となる……………1点
d、ほどの者ではありません。………2点

b、「田舎者」は、「身分の低い（卑しい）者」など、「いたって」は「きわめて、非常に」などでも可。c、「高貴な方の」は「あなた様の」でも可とする。dは、「〜に値しません。〜にはつり合いません」などでもよい。公主に対する敬意を払った言い方にしたい。

「為」は用法が多い。

同字異訓　「為」の用法

❶ **なス**……（サ・四段）する。
❷ **なル**……（ラ・四段）なる。
❸ **つくル**……（ラ・四段）作る。
❹ **をさム**……（マ・下二段）治める。修める。治す。
❺ （…ノ・ガ）**ためニ**……（…の）ために。
❻ （…ノ）**ためニス**……（サ変）（…の）ためにする。
❼ **ためニ**……そのために。ゆえに、それで。
❽ **たリ**……「為レA」の形で、**断定**の助動詞。
❾ **る・らル**……「為レA」の形で、**受身**の助動詞。

解答

私の息子はいたって田舎者で、高貴な方の夫となるほどの者ではありません。

問(五)　傍線部の内容説明の問題

「何ゾ必ズシモ…ンや」の反語に着目！

まず、傍線部eの前半部、「**苟《いやし》くも同心《どうしん》たれば**」は、「かりにも同じ心であれば」という意味で、ここで公主が言いたい「**同《どう》心《しん》**」とは、「互いに結婚したい意志があること」である。

冷静に考えれば、会ったこともない「愚温達《ぐおんたつ》」とよばれていた男に、父の言があったとはいえ、意地になって嫁ぐことを強行したり、相手の温達の気持ちもはっきりしていないと思われるのに「同心《どうしん》たれば」と言ったりしているのは、まあ「お話」

ではあるが、さすが「公主」である。

重要句法 **仮定形「苟クモ」**

苟《クモ》A《ナラ(セ)バ》　読 いやしクモAナラ（セ）バ　訳 かりにもAであれば（Aするならば）

後半部、**「何《なん》ぞ必《かなら》ずしも富貴《ふうき》にして然《しか》る後《のち》に共《とも》にすべけんや」**は、「どうして必ずしも富と身分を得た後にいっしょにならなければいけないことがありましょうか」という意味である。

公主が妻にしてくれと言っているのに対して、温達はぐずぐずと決心できないでおり、母親は、「息子は田舎者で、貴人の夫になるには値しません」とか、「うちは貧しくて、貴人がお住まいになれるようなところではございません」と言うのに対する公主の言葉であるから、ここは、「今は富貴でなくてもかまいません」ということを言っているのである。

重要句法 **反語形「何必…乎」**

何《ゾ》必《ズシモ》A《セン》乎　読 なんゾかならズシモAセンや　訳 どうして必ずしもAしようか（Aする必要があろうか）、いや、そんなこと（必要）はない

解答例と、採点上のポイント

a、二人の心が通い合っているのなら……3点
b、夫婦になるのに……2点
c、必ずしも富や身分など必要ではない……3点
d、ということ。……不問

aは、「二人の心が同じ（一つ）であれば」「二人とも望むなら」「温達も同じように思っていれば」などでもよい。bは、「いっしょになるのに」「結婚するのに」などでもよい。cは、「初めから（今）富貴である必要はない」「相手が金持ちで身分が高いことなど不要である」「地位や財産など問題ではない」などでもよい。

このあと、公主は、自分が身に付けていた金のうでわを売って、「田宅牛馬器物《でんたくぎゅうばきぶつ》」を買ったとあるが、金のうでわは何個持って来ていたのであろうか、一個でもものすごく高価なものであったのであろうか。

ちなみに、温達は、その後、戦争で大きな手柄をたて、王も認め、爵位を与えられて栄華を極めたという話になっている。

解答 二人の心が通い合っているのなら、夫婦になるのに必ずしも富や身分など必要ではないということ。

12

『闇然堂類纂《あんぜんどうるいさん》』

東北大学

別冊（問題）p.74

解答・配点

問㈠ (1) やまいをもってくすりをこえ（わ）ば（3点）

(2) としまさにくれんとするに（するも）（3点）

問㈡ (a) 返済を求めなかった（3点）

(b) いまだに返済のめどが立たなかった（3点）

問㈢ あなた様がいらっしゃらなかったら、私は無事に今日を迎えることができなかったでしょう。（5点）

問㈣ 薬を買ったと聞いたら、どうやって支払ったのかを尋ねるだろうということ。（35字）（5点）

問㈤ 布を織ることで、長い布のように、慶同が長寿を保ち、家が途絶えることなく繁栄するよう願いをこめて、慶同の恩に報いるため。（59字）（8点）

※大問の配点は、国語の満点からの推定。
※小問の配点は、設問のバランスからの推定による。

／30

出典

▼潘士藻《はんしそう》『闇然堂類纂』巻二〈嘉話《かわ》・市薬焚券《しやくふんけん》〉の一節

書き下し文・通釈

▲書き下し文▼

羅念庵先生《らねんあんせんせい》の先世《せんせい》に名《な》慶同《けいどう》なる者有《ものあ》り、善庵《ぜんあん》と号《がう》す。嘗《つね》に薬《くすり》を市《う》るを以《もつ》て人《ひと》の困《くる》しみを済《すく》ふを為《な》し、親戚貧富《しんせきひんぷ》と無《な》く、病《やまひ》を以《もつ》て薬《くすり》を請《こ》へば、必《かなら》ず善品《ぜんぴん》を与《あた》ふ。即《たと》ひ負券償《ふけんつぐな》はざれども、輒《すなは》ち焚棄《ふんき》して問《と》はず。嘗《かつ》て大雪《たいせつ》あり、夜半《やはん》に戸《と》を扣《たた》くの声《こゑ》を聞《き》き、亟《すみや》かに起《お》きて之《これ》に問《と》へば、則《すなは》ち境外《きやうぐわい》の儒生《じゆせい》の母《はは》の為《ため》に薬《くすり》を市《か》ふ者《もの》なり。延《ひ》きて入《い》れ、坐《ざ》して嘆《たん》じて曰《いは》く、「夜《よる》に薬《くすり》を市《か》ふ者多《ものおほ》し。要《かなら》ず皆其《みなそ》の妻《つま》と子《こ》とに急《きふ》にして、未《いま》だ母《はは》の為《ため》にする者《もの》有《あ》らざるなり。子其《なんぢそ》れ孝《かう》なる者《もの》か」と。因《よ》りて其《そ》の良苦《りやうく》を労《ねぎら》ひ、之《これ》に飲食《いんしよく》せしむ。儒生金釧《じゆせいきんせん》を出《いだ》して薬《くすり》に質《しち》とするに、之《これ》に問《と》ひて曰《いは》く、「而《なんぢ》の母之《ははこれ》を命《めい》じたるか」と。曰《いは》く、「病《やまひ》に困《くる》しみて、知《し》らざるなり」と。慶同曰《けいどういは》く、「而《なんぢ》の母病間《ははびやうかん》なるとき、薬《くすり》を市《か》ふを聞《き》かば、質《しち》とする所《ところ》を問《と》はん。金釧《きんせん》を去《さ》るを云《い》はば、心当《こころまさ》に恚忿《いふん》すべし、是《こ》れ其《そ》の病《やまひ》を益《ま》すなり。亟《すみや》かに持《も》ち去《さ》れ」と。手《て》づから良薬《りやうやく》を授《さづ》け、復《ま》た人《ひと》を遣《つか》はして衛《まも》り行《ゆ》かしむ。歳《とし》且《まさ》に暮《く》れんとするに、儒生券未《じゆせいけんいま》だ酬《むく》いず。僮奴之《だうどこれ》を持《も》ちて曰《いは》く、「券《けん》の直若干《あたひじやつかん》、奈何《いかん》せん」と。慶同笑《けいどうわら》ひて曰《いは》く、「汝吾《なんぢわれ》の為《ため》に金《かね》を惜《を》しむか」と。之《これ》を火《ひ》に投《な》げ、竟《つひ》に問《と》はず。明年春《みやうねんはる》、騎《き》の帷車《ゐしや》に従《したが》ひて来《きた》る者有《ものあ》り。之《これ》に問《と》へば、則《すなは》ち負券《ふけん》の儒生《じゆせい》の母《ぼ》子《し》なり。其《そ》の母手《ははて》に金布《きんぷ》を持《も》ち、拝《はい》して曰《いは》く、「翁微《おきなな》かりせば、今日《こんにち》に至《いた》るを得《え》ず。翁《おきな》は児女《じぢよ》もて我《われ》を視《み》るも、我《われ》は以《もつ》て報《むく》いる無《な》し。病《やまひ》より起《た》ち、手《て》づから此《こ》の布《ぬの》を織《お》りて寿《じゆ》を為《な》し、是《これ》より以後《いご》翁世世《おきなせいせい》子孫《しそん》綿綿《めんめん》纚纚《しし》たること、此《こ》の布《ぬの》のごときを期願《きぐわん》せん」と。慶同受《けいどうう》けて復《ま》た之《これ》を遺贈《ゐぞう》す。其《そ》の善行此《ぜんかうか》くのごとし。

▲通釈▼

羅念庵先生の先祖に名を慶同という者がいて、善庵と号した。常に薬を売ることで人の苦しみを救うことを行い、身内の者かどうかや貧しい者富める者の区別なく、病気のために薬を求めると、必ず良い薬を与えた。たとえ借金の証文（の金額）が返せなくても、その都度（証文を）焼き捨てて返済を求めなかった。かつて大雪になり、夜中に戸を叩《たた》く音を聞き、すぐに起きてその人に（事情を）問うと、郊外の儒生で母のために薬を買いに来た者であった。（部屋の）中に入れ、座って感嘆して言った、「夜中に薬を買いに来る者は多い。（だが）必ず皆その妻か子に（病状が）差し迫っている者で、いまだ母のために（夜中にこうして）訪れた者はいないのだ。あなたはなんと孝行者であることか」と。そこで彼の苦労を労《ねぎら》い、彼に飲食をすすめた。儒生は金のうでわをさしだして薬の代償（質草）にしようとしたが、（慶同は）彼に問うた、「あなたの母上がそうせよと言ったのか」と。（儒生は）答えた、「病気で苦しんでいて、このことは知りません」と。慶同は言った、「あなたの母上の病気が快方に向かったとき、薬を買ったことを聞けば、どうやって薬代を払ったか問うだろう。金のうでわを手放したと言ったら、心中きっと怒るに違いなく、それではよけい病気が悪くなるだろう。（これは）すぐに持って帰りなさい」と。（そして慶同は）自ら良薬を与え、さらに人を遣わして送らせた。その年も暮れようとしたが、儒生は証文（借金）はいまだに返済のめどが立たなかった。使用人がそれを手にして（慶同に）言った、「（返済されない）借金の金額がいくらかありますが、どうしたらよいのでしょうか」と。慶同は笑って言った、「おまえは私のために金を惜しむのか」と。証文を火に投じて、その後一切問題にしなかった。翌年の春、馬に乗り、ほろ付きの馬車の後についてやって来る者がいた。これに問うと、借金のあった儒生の母子である。その母は金糸で織った布を手にして、拝礼して言った、「あなた様がいらっしゃらなかったら、私は今日を迎えることができなかったでしょう。あなた様は女子をよこして私の面倒までみて下さいましたが、私は恩返しすることができません。病気が治って、自分の手でこの布を織ってあなた様の長寿を祈り、この先もあなた様の代々の子孫がこの布のように長く途絶えることなく栄えることを願いましょう」と。

慶同はその布を受け取りさらに子孫に伝え残した。彼の善行はこのようであった。

設問解説

問(一) すべてひらがなにする書き下しの問題

下への続け方にも細心の注意を！

条件は、「**現代仮名づかいでよい**」となっている。「現代仮名づかいでもよい」よりも一歩踏み込んだ条件で、これは、よけいなことを考えず、「現代仮名づかい」で答える。

傍線部(1)・(2)は、返り点・送り仮名が省かれている。

(1)「**以 病 請 薬**」

「**以**」は「もつテ」であるが、次のように、

以《テ》レ **A**《ヲ》 **B**《ス》 （AをもつテBス）

B《スルニ》 **以**《テス》レ **A**《ヲ》 （BスルニAヲもつテス）

という形で、「AでBする」「Aを用いてBする」「AのためにBする」のような意味を表す。

であるから、まず、上の二文字は「**以**レ**病**」で「やまひヲも

つテ」となる。

「請」は「こフ」で動詞、「薬」は名詞であるから、ここは「請レ薬」で、「くすりヲこフ」であるが、下の「必《かなら》ず善品《ぜんぴん》を与《あた》ふ（＝必ず良い薬を与えた）」に続くようにするには、「請《こ》へば（＝求めると）」としたい。漢文では、「**未然形＋バ**」と「**已然形＋バ**」は、あまり厳密に使い分けないので、「請《こ》はば」でもよい。

(1)の正解は、「やまいをもってくすりをこえ（わ）ば」。

「病」を「びょう」、「薬」を「やく」にしているものは、2点減点、「こえ（わ）ば」を、終止形「こう」、連用形「こい」にしているものは全体0点とする。「現代仮名づかいで答えよ」ではないので、歴史的仮名づかいでも可とする。

(2)「**歳 且 暮**」

「**歳**」は、下に「暮（くル・ラ・下二段）」もあり、「とし」である。

ポイントは、言うまでもなく、**再読文字**「**且**」である。

重要句法 **再読文字「且」**

且レニ **A**セント　読　まさニAセントす
（将）　訳　いまにもAしようとする
いまにもAしそうだ

歳 且レ 暮

と返り点が付いて、「歳且《としまさ》に暮《く》れんとす」であるが、ここも下の「儒生券未《じゅせいけんいま》だ酬《むく》いず」に続けるには、「その年も暮れようとしているのに」と**逆接**がほしいので、「暮れんとするに」あるいは「暮《く》れんとするも」「暮《く》れんとすれど（ども）」にする。

(2)の正解は、「としまさにくれんとするに（するも）」。

ここは仮名づかいは関係なし。「暮《く》れんとす」と言い切っているものは全体0点とする。「暮《く》れんとし」は1点減点。「歳」を「さい」にしているものは2点減点とする。

解答　(1) やまいをもってくすりをこえ（わ）ば
(2) としまさにくれんとするに（するも）

問(二)　語句の意味（内容）の問題

表面的な訳出でなく内容を！

(a)「**不 問**」は、「**不**」が**返読文字**であるから、「不レ問」と返り点が付いて、「**問《と》はず**」である。「問《と》はず」そのものは、「問わなかった」「尋ねなかった」であるが、その「意味」が問われているのであるから、このままでは答にならない。

慶同はたいへん立派な人で、お金がないような人にも良い薬を与えたりして、「負券（**注**＝借金の証文）」は書かせるのであるが、「即《たと》ひ負券償《ふけんつぐな》はざれども、輒《すなは》ち焚棄《ふんき》して（＝たとえ借金が返せなくても、いつも証文を焼き捨てて）」とあるから、「問《と》はず」は、その借金について、「返済はどうなっているのかと問わなかった」つまり、「返済を求めなかった」ということである。

解答例は、「返済を求めなかった」としたが、「（借金を）なかったことにしてやった」「返済について何も言わなかった」などでもよい。

いったんは「負券」を出しているのであるから、「ただで薬を与えた」「薬代を請求しなかった」のようでは、ニュアンスが異なる。

(b)「**未 酬**」は、「**未**」が**再読文字**であるから、「未レ酬」と返り点が付いて、「**未《いま》だ酬《むく》いず**」である。

重要句法　**再読文字「未」**

未レダ **A**セ　読 いまダAセず
　　　　訳 まだAしない

問(一)の(2)で見たように、「歳且《としまさ》に暮《く》れんとするに（＝年も暮れようとしているのに）」、儒生は、「券《けん》（＝負券）」、つまり借金を「未《いま》だ酬《むく》いず」という流れであるから、「まだ返せていなかった」ということである。

解答例は、「いまだに返済のめどが立たなかった」としたが、「借金は返せていなかった」「借金をまだ返していなかった」などでもよい。

「まだ報いていなかった」「まだお礼ができていなかった」などは×とする。

解答
(a) 返済を求めなかった
(b) いまだに返済のめどが立たなかった

問(三) 傍線部の口語訳（現代語訳）の問題

「…微カリセバ…」は反実仮想！

傍線部(A)も、返り点・送り仮名ともが省かれている。

微 翁、不 得 至 今 日。

ここで、まず気がつかなければならないのは、「**微**」の用法である。

これは、次のような「型」にはまった表現である。

重要句法 **仮定法「…微カリセバ…」**

微《カリセバ》レA　読 Aなカリセバ　訳 Aがなかったならば

これは古文で習う、「…せば…まし」「…ましかば…まし」などの「**反実仮想**」に相当し、「(もし)…がなかったら…だったであろうに(実際には…があったから…ではなかった)」という表現である。

「**翁**《おきな》」は、もちろん「慶同」をさす。「翁」でも敬意を含むので、そのままでもよいが、「あなた(様)」。

「**翁**《おきな》**微**《な》**かりせば**」で、「あなた様がいらっしゃらなかったら(ならば)」である。相手への**敬意**を含んだ言い方にしたい。

後半には、「**不得…**」の**不可能形**がある。

重要句法 **不可能形「不得…」**

不レ得レA《スルヲ》　読 Aスルヲえず　訳 Aすることができない

不レ得レ至《ルヲ》二今日《ニ》一。

「今日《こんにち》に至《いた》るを得《え》ず」で、直訳は、「今日にいたることができなかった」。「得《え》ざらん」と推量を入れて、「できなかったであろう」と読んでもよい。

解答例と、採点上のポイント

a、あなた様が……………………………………1点
b、いらっしゃらなかったら……………………1点
c、私は……………………………………………1点
d、無事に今日を迎えることが…………………1点
e、できなかったでしょう。……………………1点

aは、「翁が」「慶同様が」でもよい。「ご老人」ならよいが、ただの「老人」は×。bは、「いなかったら」でも可とする。cは、補う。「母は」は×。d、「無事に」は「生きて」でも可。なくてもよい。eは、不可能の訳出がないものは×。

解答

あなた様がいらっしゃらなかったら、私は無事に今日を迎えることができなかったでしょう。

問(四) 字数制限のある内容説明の問題

文中にある同じ表現に着目!

ここも、傍線部(ア)には返り点・送り仮名が省かれている。

前半の「**市 薬**」については、「母《はは》の為《ため》に薬を市ふ者《もの》なり」や、

「夜《よる》に薬を市ふ者多《ものおほ》し」にヒントがあり、後半の「質《しち》」については、「金釧《きんせん》を出《いだ》して薬《くすり》に質とするに」にヒントがある。

話の流れとしては、儒生が、薬代のかわりに、母親のものと思われる「金釧《きんせん》」をさしだしたので、慶同が、「あなたの母上がそうせよと言ったのか」と尋ねると、「（いえ、）母は病気がひどくてこのことは知りません」と言う。そこで、慶同が、「それでは、母上の病気が快方に向かったとき」と言ったのに続くのが、傍線部㋐である。

よって、傍線部㋐は、

聞レ市レ薬、問レ所レ質

と返り点が付いて、「**薬《くすり》を市《か》ふを（と）聞《き》かば、質《しち》とする所《ところ》を問《と》はん**」と読み、「（母上が、自分の病気のために）薬を買ったと聞いたら、質草にしたところのものを尋ねるだろう」という直訳になる。

ちなみに、「**所**」は**返読文字**である。

そもそも、儒生の家は貧しくて、薬を買う金などないことは母もわかっているから、「質《しち》とする所《ところ》」を尋ねるということであるが、現代語訳の問題ではないので、要は、「どうやって薬代を払ったのか」を尋ねるだろうということである。

解答例と、採点上のポイント

a、薬を買ったと聞いたら、……………………2点
b、どうやって支払ったのかを尋ねるだろう……………3点
c、ということ。……………………………………不問

aの「薬を買った」「聞いた」主体、およびbの「尋ねる」主体を入れて、「息子が薬を買ったと聞いた母がどうやって支払ったか尋ねるということ。」（33字）のようでもよい。

解答 薬を買ったと聞いたら、どうやって支払ったのかを尋ねるだろうということ。

問㈤ 字数制限のある理由説明の問題

理由は自分で述べていることが多い！

「**手《て》づから此《こ》の布《ぬの》を織《お》**」った「母」の気持ちは、傍線部(A)の「翁微《おきな》かりせば、今日《こんにち》に至《いた》るを得《え》ず」以降の、傍線部㋑を含んだ、「**母**」**の言葉の中**に述べられている。

慶同には、薬代をタダにしてもらい、世話になったわけであるが、「以《もっ》て報《むく》いる無《な》し（＝恩に報いる方法もありません）」と言っている。これをそのままにとれば、「手《て》づから此《こ》の布《ぬの》を織《お》」ることにした理由に加えたいところであるが、母は「帷車《ゐしゃ》（**注**

＝ほろ付きの車）」に乗り、儒生は「騎《き》」つまり馬に乗って来ているのだし、持って来た「此《こ》の布《ぬの》」は「金布《きんぷ》（＝金糸で織った布）」なのであるから、本当にその訪れた時点でも「薬代が払えない」ほど困窮しているようには見えない。

よって、「以《もっ》て報《むく》いる無《な》し」の、「恩返しのしようもないので」とか、「薬代をお返しできないので」といった要素は、あってもよいが、なくてもよいものとする。

ポイントは、傍線部(イ)のあとである。

「寿《じゆ》を為《な》し、是《これ》より以後《いご》翁世世《おきなせいせい》子孫《しそん》綿綿《めんめん》纏纏《しし》たること、此《こ》の布《ぬの》のごときを期願《きぐわん》せん（＝翁の長寿を祈り、この先翁の代々の子孫がこの布のように、途絶えることなくつながって栄えることを祈願しましょう）」。

六十字であるから、文章としてはいろいろな答え方ができるであろうが、次の要素によることにする。

解答例と、**採点上のポイント**

a、布を織ることで、……………………1点
b、長い布のように、……………………1点
c、慶同が長寿を保ち、…………………2点
d、家が途絶えることなく繁栄するよう……2点
e、願いをこめて、………………………1点
f、慶同の恩に報いるため。………………1点

aは、傍線部(イ)そのものであるが、aすることによって、fという説明になるので、補いたい。eは、「期願《きぐわん》せん」の要素、fは、「以《もっ》て報《むく》いる無《な》し」の裏返しで、「此《こ》の布《ぬの》を織《お》」ることで「報《むく》い」るのである。

bは、「此《こ》の布《ぬの》のごときを」の要素。c・dへ続けるには、「長い」という要素を補いたいが、なくても可。「この布のように」でもよい。cは、「寿《じゆ》を為《な》し」の要素。dは、「以後《いご》翁世世《おきなせいせい》子孫綿綿纏纏《しそんめんめんしし》たること」の要素。「翁の家の繁栄」のように短くまとめてあってもよい。

c・fの「慶同」は、「翁」あるいは「善庵」でもよい。「羅念庵先生」にしているものは、全体×とする。

解答

布を織ることで、長い布のように、慶同が長寿を保ち、家が途絶えることなく繁栄するよう願いをこめて、慶同の恩に報いるため。

13

『女学読本《じょがくとくほん》』

広島大学

別冊（問題）p.80

解答・配点

問一 a　つひ（い）に　　b　たまたま
c　たとひ（い）　　d　いよいよ
e　しばしば　（各1点　5点）

問二 1　①　これをもつ（っ）て　（1点）
②　ここをもつ（っ）て　（1点）
2　許されないのに何度も辞職を求めたこと。　（4点）
3　だから　（2点）

問三 汝不ルレ如カ三更メテ適ギテ以テ得ルニ二良匹ヲ一也　（4点）

問四 (1)　オ　(2)　エ　(3)　ウ　(4)　イ　（各2点　8点）

問五 A　今夫（の）妾を去らざるに、妾奈何ぞ自ら去るを求めん（や）　（4点）
B　不義焉より大なるは莫し　（3点）
C　安くんぞ斯くのごときを得んや（と）　（3点）

問六 ④　（5点）

問七 職を失い、収入も失った恭胤との離縁と再婚をすすめる父の言を不義であると退け、困窮に甘んじて、夫への操を固く守り、実母に対するように姑に孝養を尽くした点。　（10点）

※大問の配点は、国語の満点からの推定。
※小問の配点は、設問のバランスからの推定による。

／50

出典

▼**大森惟中《おおもりいちゅう》編『女学読本』**〈第二篇・貞婦・原恭胤《はらやすたね》の妻〉の一節

明治時代の女子教育書。文中の原恭胤の子、善《ぜん》（念斎《ねんさい》）による『**先哲叢談《せんてつそうだん》**』は、江戸前期の儒学者や文人の言行、逸話を記したもので、広く読まれた。

書き下し文・通釈

▲**書き下し文**▼

原恭胤《はらやすたね》の妻秋田氏《つまあきたし》。恭胤《やすたね》の父《ちち》は瑜《ゆ》、号《がう》は双桂《さうけい》、儒学《じゆがく》を以《もつ》て古河《こが》の土井氏《どいし》に仕《つか》ふ。瑜没《ゆぼつ》し、恭胤家《やすたねいへ》を襲《おそ》ふ。何《いく》も無《な》くして、病《やまひ》を以《もつ》て仕《つか》ふるを辞《じ》するも、允《ゆる》されず。猶《な》ほ乞《こ》ひて止《や》まず。是《これ》を以《もつ》て罪《つみ》を獲《え》、禁錮《きんこ》せらるること匝年《さふねん》、終《つひ》に籍《せき》を削《けづ》らる。

秋田氏《あきたし》適帰寧《たまたまきねい》す。其《そ》の父謂《ちちい》ひて曰《い》はく「汝《なんぢ》の為《ため》に婿《むこ》を択《えら》びし時《とき》、以為《おも》へらく原氏《はらし》の子《こ》は才行有《さいかうあ》り、其《そ》の禄《ろく》は則《すなは》ち二百石《にひやくこく》と。是《ここ》を以《もつ》て之《これ》に妻《めあは》す。世《よ》を嗣《つ》ぐに及《およ》び、禄《ろく》は其《そ》の半《なかば》を減《げん》ぜらる。猶《な》ほ以《もつ》て飢《う》うる無《な》かるべきも、其《そ》の仕《つか》ふるを辞《じ》するに至《いた》りては、則《すなは》ち自《みづか》ら其《そ》の量《りやう》を揆《はか》らざるなり。士恒禄《しこうろく》無《な》くんば、何《なに》を以《もつ》て衣《い》食《しよく》せんや。汝更《なんぢあらた》めて適《とつ》ぎて以《もつ》て良匹《りやうひつ》を得《う》るに如《し》かざるなり」と。秋田氏《あきたし》潸然《さんぜん》として零涕《れいてい》して曰《い》はく「嗚呼大人《ああたいじん》何《なん》ぞ此《こ》の言《げん》を出《いだ》すや。妾先舅《われせんきう》の時《とき》に古《いにしへ》の烈女《れつぢよ》を語《かた》るを聞《き》く。或《ある》いは苦《くる》しみを嘗《な》め、或《ある》いは死《し》を致《いた》すも、皆其《みなそ》の操《みさを》を易《か》へず。今夫《いまをつと》の妾《われ》を去《さ》らざるに、妾奈何《われいかん》ぞ自《みづか》ら去《さ》るを求《もと》めんや。且《か》つ禄有《ろくあ》れば而《すなは》ち配《はい》し、禄無《ろくな》くんば則《すなは》ち離《はな》るるは、不義焉《ふぎこれ》より大《だい》なるは莫《な》し。仮令《たと》ひ再醮《さいせう》して以《もつ》て身《み》に錦繍《きんしう》を被《かうむ》り、口《くち》は粱肉《りやうにく》に飽《あ》くとも、豈《あ》に願《ねが》ふ所《ところ》ならんや」と。父母奪《ふぼうば》ふ能《あた》はず。然《しか》れども猶《な》ほ時《とき》に睽離《けいり》するを勧《すす》む。而《しか》れども秋田氏《あきたし》は操《みさを》を堅《かた》くして回《かへ》らず。夫《をつと》に事《つか》ふること愈謹《いよいよつつし》む。

遂《つひ》に恭胤《やすたね》に従《したが》ひて江戸《えど》に来《きた》り、市中《しちゆう》に僑居《けうきよ》す。其《そ》の姑《しうとめ》を侍《やしな》ふこと、孝養備《かうやうそな》はり至《いた》る。比隣相語《ひりんあひかた》りて曰《い》はく「新《あら》たに来《きた》る人《ひと》は、姑《しうとめ》と婦《つま》と恩情篤密《おんじやうとくみつ》なり。此《こ》れ必《かなら》ず真《まこと》の母子《ぼし》ならん。其《そ》の夫《をつと》は則《すなは》ち贅婿《ぜいせい》ならん。然《しか》らずんば、其《そ》の相心《あひこころ》を尽《つ》くすこと、安《いづ》くんぞ斯《か》くのごときを得《え》んや」と。既《すで》にして恭胤幕府《やすたねばくふ》に入《い》りて籍《せき》に仕《つと》む。秋田氏屢父母《あきたししばしばふぼ》に観《まみ》ゆるに、父母《ふぼ》始《はじ》めて前言《ぜんげん》を悔《く》ゆと云《い》ふ。其《そ》の子善《こぜん》も亦《ま》た家学《かがく》を伝《つた》ふ。文化中《ぶんかちゆう》、『先哲叢談《せんてつそうだん》』を著《あら》はし、世《よ》に行《おこな》はる。

▲**通釈**▼

原恭胤の妻は秋田氏（と言った）。恭胤の父瑜は、号は双桂といい、儒学によって古河藩の藩主の土井氏に仕えていた。瑜が亡くなって、恭胤が家を継いだ。間もなく、病気を理由に仕官を辞職しようとしたが、許されなかった。（しかし、恭胤は）なおも（辞職を）求め続けた。このためにおとがめを受け、禁錮されること一年で、とうとう藩士の籍を解かれた。

（恭胤に嫁いでいた）秋田氏はたまたま里帰りしていた。その父が（娘に向かって）言った「おまえのために婿《むこ》を選んだとき、原氏の息子は才知と品行があり、その俸禄は二百石と思っていた。それゆえ彼に嫁がせたのだ。（ところが）代を継ぐことになると、俸禄はその半分に減らされた。それでも飢えないではいられたであろうが、彼が辞職することになっては、自分で見積もれる収入もないのだ。一人前の男が安定した俸禄もなくて、どうして生活ができようか。おまえは（この際離縁して）再婚して良い夫を得たほうがよい」と。秋田氏ははらはらと涙を流して言った「ああ、父上がどうしてそんなことをおっしゃるのですか。私は亡き舅《しゅうと》（＝夫の父、瑜）がご存命のとき昔の貞節な女性のことを語られるのを聞きました。ある者は苦しみを経験し、ある者は死を招いても、皆変節することはなかったのです。今夫が私を離縁しないのに、私がどうして自分から離縁することを求めましょうか。その上俸禄があれば結婚し、俸禄がなければ離縁するとは、これより大きな不義はありません。たとえ再婚することで身に美しい着物を着て、口においしい食べ物を存分に食べても、どうして（そのような生活を）願うでしょうか」と。父母は彼女の考えを変えさせることはできなかった。それでも時々離婚することをすすめた。しかし秋田氏は貞節を堅く守って（離婚して実家に）戻ることはなかった。（それどころか）いっそう謹んで夫に仕えた。

そののち恭胤につき従って江戸に来て、市中に仮住まいした。彼女が姑《しゅうとめ》（＝夫の母）を世話することは、すべてにいきわたって孝行を尽くした。となり近所の人々は語り合って、「新しく来た人は、姑と嫁との情愛は細やかで行き届いている。あれはきっと実の母子であろう。彼女の夫はつまり入り婿であろう。そうでなければ、二人が互いに心を尽くして、どうしてあのようになれようか」と言った。やがて恭胤は幕府に入り、仕官した。秋田氏はしばしば父母にお目にかかったが、父母はやっと前言を悔いたのである。その子善もまた家学を継いだ。文化年間、『先哲叢談』を著し、世間に流行した。

解説

問一　漢字の読みの問題

「適」「愈」「屢」は頻出する畳語《じょうご》！

a「終」は、「つひニ」。7・10では「卒」が問われていた。
62ページの「つひニ」のまとめを参照。

「**現代仮名づかいでもよい**」という条件になっているので、aの**正解は、「つひに」**あるいは「ついに」。

b「**適**」は、「**たまたま**」である。「たまたま」と読む字は「**偶**」であればわかりやすいが、「**適・会**」も問われやすいので覚えておきたい。

同音をくり返すような読み方の字を「**畳語**」といい、読みの問題に頻出する。

重要語　畳語

いよいよ……**逾・愈・兪・弥**（ますます。一段と）
おのおの……**各**（めいめい。各自）
こもごも……**交・更**（交互に。かわるがわる）
しばしば……**数・屢**（何度も。頻繁に）
そもそも……**抑**（さて。ところで）
たまたま……**偶・会・適**（偶然。ちょうどそのとき）
ますます……**益**（いっそう。いよいよ）
みすみす……**看**（みるみるうちに）

bの**正解は、**「**たまたま**」。

c「**仮令**」は、「…飽《あ》くとも」と呼応していて、二文字で「**たとヒ**」と読む。仮定形である。

cの**正解は、**「**たとひ**」あるいは「**たとい**」。

重要句法　仮定法「たとヒ…（ト）モ」

縦《ヒ》**A**《ストモ（スルモ）》　読　たとヒAストモ（Aスルモ）
訳　たとえAであっても
たとえAだとしても

＊「**仮令・縦令・縦使**」も同じ。

d「**愈**」は、「畳語」のまとめにあるように、「**いよいよ**」。

dの**正解は、**「**いよいよ**」である。

e「**屢**」も、「畳語」で、「**しばしば**」。「しばしば」は、「**数**」が問われやすい。

eの**正解は、**「**しばしば**」。

解答

a　つひ（い）に　　b　たまたま
c　たとひ（い）　　d　いよいよ
e　しばしば

問二　読み方・指示内容・意味の問題

「是以」は接続語「ここヲもつテ」！

1は、**読み方の問題**である。

①「**以レ是**」は、「**これヲもつテ**」で、「これによって。このことをもって」の意。

②「**是以**」は重要語で、「是」を「ここ」と読み、「**ここヲもつテ**」で、「それゆえ。だから。こういうわけで」の意。こちらは接続語である。

仮名づかいについては、**問一**に準ずるものとする。

①の**正解**は、「**これをもつ（っ）て**」。

②の**正解**は、「**ここをもつ（っ）て**」。

2は、①の「**是《これ》**」**が示す内容を問う問題**である。

①からあとは、「是《これ》を以《もっ》て罪《つみ》を獲《え》、禁錮《きんこ》せらるること匝年《さふねん》、終《つひ》に籍《せき》を削《けづ》らる（＝これによっておとがめを受け、禁錮されること一年で、とうとう籍を解かれた）」となる。

その原因になったのは、恭胤が、家督を継いでのち、病気を理由に辞職を申し出たが許されなかった後、さらに重ねて辞職を求めたことである。

解答例と、採点上のポイント

a、許されないのに……………………………2点

b、何度も辞職を求めたこと。………………2点

字数制限はないので、a・bとも、たとえば、「病気を理由に辞職を願い出たが認められず」、「それでも…」のように、詳しく書いてあってもよい。

重要語　接続語

❶ **於イテレ是ニ**（ここニおイテ）…そこで。こういうわけで。
❷ **因リテ**（よリテ）…………そこで。
❸ **乃チ**（すなはチ）………そこで。
❹ **是ヲ以テ**（ここヲもつテ）…だから。それゆえ。
❺ **以テレ是ヲ**（これヲもつテ）…このために。これを用いて。
❻ **故ニ**（ゆゑニ）………だから。それゆえ。
❼ **然ラバ則チ**（しかラバすなはチ）………そうだとすると。それならば。
❽ **何トナレバ則チ**（なんトナレバすなはチ）…なぜならば。
❾ **然ル後ニ**（しかルのちニ）……………そうしてのちに。…してはじめて。
❿ **然レドモ**（しかレドモ）……………しかし。けれども。

⓫ 不レ者ンバ（しからずンバ）…………そうでなければ。
⓬ 否ンバ則チ（しからずンバすなはチ）…そうでなければ。
⓭ 雖レ然リトモ（しかリトいへどモ）………そうではあるが。

3は、②「**是 以**」の**意味**であるが、これは、「だから」あるいは「それゆえ」「こういうわけで」などである。

解答

1　① これをもつ（っ）て　② ここをもつ（っ）て
2　許されないのに何度も辞職を求めたこと。
3　だから

問三 意味にもとづいて返り点を付ける問題

比較の公式「A不レ如レB」に着眼！

与えられている意味は、「おまえは再婚して良い夫を得たほうがよい」。傍線部③は、次のようである。

汝 不 如 更 適 以 得 良 匹 也。

「**汝**」は、「**なんぢ**」で、これが「おまえは」である。

「**不 如**」で「…のほうがよい」の**比較形**に気がつかなければならない。

重要句法 **比較の公式**

A ハ 不レ 如カ（若）レ B ニ

読　AハBニしカず
訳　AはBには及ばない
　　AよりはBのほうがよい

「**百聞《ひやくぶん》は一見《いつけん》に如《し》かず**」（＝百回聞くよりも一回見るほうがよい）」という例文で覚えているであろう。

ここで、Aに相当するのは、藩籍を解かれて収入もなくなってしまった恭胤（夫）と夫婦でいること、である。

「**更 適**」は、設問に「再婚すること」と注記してある。「更《あらた》めて適《とつ》ぎ（て）」と読むが、「更適《こうてき》し（て）」とサ変動詞に読んでも可。

「**以**」は「もつテ」で、「それでもって」の意。

「**得 良 匹**」が、「良い夫を得」るである。⑪にもあったが、「匹《ひつ》」は「つれあい」の意。

「**也**」は、断定の「なり」。

「**汝《なんぢ》更《あらた》めて適《とつ》ぎて以《もつ》て良匹《りやうひつ》を得《う》るに如《し》かざるなり**」と読むことになり、**読み順**は、「**汝→更→適→以→良→匹→得→如→不→也**」である。

「汝→更→適→以→良→匹」までは下へ行くだけである。「良匹《りやうひつ》を得《う》る」と、「得」は二文字上へ返るので、「匹」の左下に「一」点、「得」の左下に「二」点。「得《う》るに」から「如《し》か」へ、さらに四文字上へ返るので、「如」の左下に「三」点。そこから「不」へは一文字返るのみであるから、「不」の左下は「レ」点である。

正解は、「汝不ルレ如カ三更メテ適ギテ以テ得ルニ二良匹ヲ一也」。送りがなも必要なので留意する。「更適」は「更《さら》に適《ゆ》き」、あるいは、「更適《こうてき》し」でも可とする。

解答 汝不ルレ如カ三更メテ適ギテ以テ得ルニ二良匹ヲ一也

問四 人物の特定の問題

話の流れをしっかりとらえる！

(1)「**大人**」は、父や、師匠など、目上の人に対する敬称で、ここは、秋田氏が、恭胤と別れて再婚しろとすすめた父に対して、「嗚呼《ああ》大人《たいじん》何《なん》ぞ此《こ》の言《げん》を出《いだ》すや（＝ああ、父上がどうしてそんなことをおっしゃるのですか）」と言っている場面であるから、(1)の**正解は、オ**。

(2)「**妾**」は、女性の自称、謙称で、音読みで「せふ」、あるいは、意味を取って「われ」。「わたくし」の意である。

ここでは、当然、「嗚呼《ああ》…」から始まっている会話文の話者であるから、秋田氏で、(2)の**正解は、エ**。

(3)「**姑**」は「しうとめ」。「姑《しうとめ》を侍《やしな》ふ」主体は「秋田氏」であるから、妻から見て、夫の母をさす。

(3)の**正解は、ウ**。

(4)「**夫**」は、「をつと」で、当然、秋田氏の夫、恭胤しかない。

(4)の**正解は、イ**。

解答 (1)オ (2)エ (3)ウ (4)イ

問五 傍線部の書き下し文の問題

型にはまった「句法」がポイント！

「すべてひらがなにして」のような条件がない点に注意したい。傍線部には、返り点は付いている。

Aは、「**今夫不レ去レ妾、妾奈何自求レ去**」話題になっているのは、秋田氏と恭胤が、「別れる別れない」ということである。

「**妾**《われ》」は、**問四**で見たように「わたくし」で、秋田氏自身をさす。

前半は、「今夫妾《いまをつとわれ》を去《さ》らず」であろうが、後半へ続けるには、「今夫が私を離縁しない**の**に」と**逆接**の意味にしたいので、「今《いま》夫妾《をつとわれ》を去《さ》らざる**に**」。「夫《をつと》**の**」と「の」を入れてもよい。

後半には、「**奈何**」のポイントがある。

重要句法 **「奈何・如何」の用法**

奈何ゾ**A**セン（ヤ）　読 いかんゾAセン（ヤ）
（**如**）　訳 どうしてA（する）だろうか、（いや、Aしない）〔**反語**〕

奈レ**A**ヲ**何**セン　読 Aヲいかんセン
（**如**）　訳 Aをどうしたらよいか〔**疑問**〕
Aをどうしたらよいだろうか（いや、どうしようもない）〔**反語**〕

＊「**奈何ゾ…**」は、「**何ゾ**」「**安クンゾ**」と同じ。
＊「**奈何ゾ…連体形**」であれば〔**疑問**〕である。

ここは、後半部には反語形がほしい。

正解は、「**今夫（の）妾を去らざるに、妾奈何ぞ自ら去るを求めん（や）**」となる。

「今夫が私を離縁しようとしないのに、私がどうして自分から離縁を求めましょうか」という意味になる。

Bは、「**不義莫**レ**大**レ**焉**」

ここにも、型にはまった句法がある。

重要句法 **比較形「莫**レ**A**レ**焉」**

莫レシ**A**レナルハ**焉**ヨリ　読 これヨリAナルハなシ
訳 これよりAなものはない

正解は、「**不義焉より大なるは莫し**」。

「これより大きな不義はありません」という意味である。

Cは、「**安得**レ**如**レ**斯乎**」

ここも、「**安…乎**」の**反語形**がポイントである。

「安…」は、1・2にもあった。

重要句法 **反語の「安クンゾ…」**

安クンゾ**A**セン（**乎**）　読 いづクンゾAセン（や）
訳 どうしてAするだろうか、いや、Aしない（Aする必要はない）

＊「**いづクンゾ**」は「**焉・寧・悪・烏**」も用いる。
＊文末の「乎（哉・也など）」は省略されることもある。

「**如**レ**斯**」は、「**如**レ**此・如**レ**是・若**レ**此・若**レ**是**」などと同じで、「**かクノごとシ**」。「このようである」の意。

「得」は、「…ヲ得《う》」で、「…できる」。
正解は、「安くんぞ斯くのごときを得んや」となる。
「ごとし」は助動詞であるからひらがなにする。
会話をとじる位置にあるので、「と」を加えるところであるが、不問とする。

解答

A　今夫（の）妾を去らざるに、妾奈何ぞ自ら去るを求めん（や）
B　不義焉より大なるは莫し
C　安くんぞ斯くのごときを得んや（と）

問六　選択肢型の理由説明の問題

悔いた「前言」の内容がポイント！

設問にも述べてあるが、「**父母《ふぼ》始《はじ》めて前言《ぜんげん》を悔《く》ゆ**」であるから、問題は、「父母《ふぼ》」が「悔《く》」いている「前言《ぜんげん》」（＝前に言ったこと）」が何かである。これは、第二段落に入ってすぐの、「其《そ》の父《ちち》謂《い》ひて曰《い》はく」のあとの、「汝《なんぢ》の為《ため》に婿《むこ》を択《えら》びし時《とき》…」から、傍線部③の、「汝更《なんぢあらた》めて適《とつ》ぎて以《もつ》て良匹《りやうひつ》を得《う》るに如《し》かざるなり」までの、父の言葉である。

父が秋田氏（娘）に言ったのは、「原氏の息子（恭胤）は才知も品行もすぐれ、二百石の俸禄があるということで嫁にやったが、いまや何の収入もない。離縁して別のもっとよい男と再婚した方がよい」ということであった。

しかし、秋田氏はそれをつっぱねて、夫と姑に尽くした。

そして、恭胤は、「幕府《ばくふ》に入《い》りて籍《せき》に仕《つと》む」、つまり、幕府に仕えて役職を得るという立場になった。これは、当然ながらかつて仕えていた古河藩よりも大きな出世である。

つまり、「悔《く》」いているポイントは、**恭胤の本当の「才行《さいかう》」を見抜けなかった**ということである。

選択肢をチェックしてみよう。

① 娘が妻の方から離婚を言い出すのは不義だと、涙ながらに反論したのに折れたから。
② 娘が実の母娘と間違われるほど夫の母と仲が良く、近所の人々にも褒められたから。
③ 娘が無職の夫に懸命に仕えている様を見て、離婚を勧めた事の非を思い知ったから。
④ 娘婿に対する認識が誤っていた事実を知り、離婚の勧めが軽率だったと悟ったから。
⑤ 娘の献身的な看病によって夫が治癒した様子を見て、妻のあるべき姿を悟ったから。

正解は、④。

解答 ④

問七 人物評価（本文の主旨）の説明問題

第二、第三段落をまとめる！

「原恭胤の妻、秋田氏」については、第二段落と第三段落に記されている。

第二段落では、職を失い、収入の道もなくなった恭胤と離縁し再婚するようすすめる父の言を、不義であるとして退け、困窮に甘んじ、夫への操《みさお》を固く守った、という人物像が描かれている。

第三段落では、近所から実の母子だと見られるくらい、姑に孝養を尽くした、という人物像が描かれている。

解答例と、**採点上のポイント**

a、職を失い、収入も失った恭胤……………………1点
b、との離縁と再婚をすすめる父の言を……………2点
c、不義であると退け……………………………………2点
d、困窮に甘んじて………………………………………1点
e、夫への操を固く守り…………………………………2点
f、実母に対するように姑に孝養を尽くした…………2点
g、点。……………………………………………………不問

a～eのどこかに、「舅が生前に語った貞女の話を忘れず」のようなことが入っていてもよいが、なくても可。加点減点はしない。

cは、「夫から離縁されない以上、妻の側から離縁を申し入れるのは」のような内容があってもよい。それが「不義」である指摘がないものは、cは×。

dは、「仮令《たと》ひ再醮《さいせう》して以《もつ》て身《み》に錦繍《きんしう》を被《かうむ》り、口《くち》は粱肉《りやうにく》に飽《あ》くとも、豈《あ》に願《ねが》ふ所《ところ》ならんや」を踏まえる。「ぜいたくを望まず」のようでも可。

eは、「夫に謹んで仕え」などでもよい。

fは、もう少し詳しく書かれていてもよい。

解答 職を失い、収入も失った恭胤との離縁と再婚をすすめる父の言を不義であると退け、困窮に甘んじて、夫への操を固く守り、実母に対するように姑に孝養を尽くした点。

14

「黄生借書説《こうせいしょをかるのせつ》」

名古屋大学

別冊（問題）p.88

解答・配点

問一 a しひ（い）て　b ただ　c もとより　（各2点　6点）

問二 膨大な蔵書を読む天子がどれほどいるであろうか（、いや、どれほどもいないであろう）。（6点）

問三 独り書のみ然りと為すに非ず（6点）

問四 貸してもらえなかった書物をどうしても読みたい気持ちの切実さは、夢に見るほどであった。（6点）

問五 自分の蔵書を、借りたい人がいれば貸し渋らずに、誰にでも貸してやること。（8点）

問六 君は、私から借りた書物を読むにあたっては、きっと集中して読むであろうし、返すときも、きっと速やかに返してくれるであろう。（8点）

問七 書物というものは、天子の膨大な蔵書であれ、富家や個人の蔵書であれ、所有していると読まれないままになっていることが多い。人に借りるしかない者は、どうしても読みたい思いが切実で、借りられたら時を惜しんで集中して読む。そうした姿勢でこそ本当に書物を読むことができるのだということを黄生に教えたかったから。（149字）（20点）

※大問の配点は、国語の満点からの推定。
※小問の配点は、設問のバランスからの推定による。

／60

出典

▼**袁枚《えんばい》「黄生書を借るの説」**（『小倉山房文集』巻二十二所収）の一節

袁枚（一七一六〜一七九七年）は、清《しん》の時代の文学者。貧しい士族の出身で、一七三九年進士に及第し、諸県の知事を歴任したが、父の死後官を辞し、江寧《こうねい》の小倉山《しょうそうざん》に住み、随園と名づけたことで、随園先生ともよばれる。在野の詩人・文人としてすごした。

書き下し文・通釈

▲**書き下し文**▼

黄生允修《くわうせいゐんしう》書《しよ》を借《か》る。随園主人《ずいゑんしゆじん》授《あた》ふるに書《しよ》を以《もつ》てし、之《これ》に告《つ》げて曰《い》はく、

書《しよ》は借《か》るに非《あら》ずんば読《よ》む能《あた》はざるなり。子書《ししよ》を蔵《ざう》する者《もの》を聞《き》かざらんや。七略《しちりやく》、四庫《しこ》は、天子《てんし》の書《しよ》なり。然《しか》れども天子《てんし》の書《しよ》を読《よ》む者《もの》は幾《いく》か有《あ》らん。牛《うし》に汗《あせ》せしめ屋《をく》を塞《ふさ》ぐは、富貴《ふうき》の家《いへ》の書《しよ》なり。然《しか》れども富貴《ふうき》の人《ひと》の書《しよ》を読《よ》む者《もの》は幾《いく》か有《あ》らん。其《そ》の他《た》祖父《そふ》の積《つ》みしを、子孫《しそん》の棄《す》つる者《もの》は論無《ろんな》し。独《ひと》り書《しよ》のみ然《しか》りと為《な》すに非《あら》ず、天下《てんか》の物皆然《ものみなしか》り。夫《か》の人《ひと》の物《もの》にして強《し》ひて仮《か》るに非《あら》ざれば、必《かなら》ず人《ひと》の逼《せま》り取《と》るを慮《おもんぱか》りて惴惴焉《ずいずいゑん》として之《これ》を摩玩《まぐわん》して已《や》まず、曰《い》はく、今日存《けふそん》するも、明日去《あすさ》らん、吾得《われえ》て之《これ》を見《み》ざらんやと。若《も》し業《すで》に吾《われ》の有《いう》する所《ところ》と為《な》れば、必《かなら》ず高《たか》く束《たば》ね、庋蔵《きざう》して、曰《い》はく、姑《しばら》く異日《いじつ》を俟《ま》ちて観《み》んと爾云《しかい》ふ。

余幼《よをさな》くして書《しよ》を好《この》めども、家貧《いへまづ》しくして致《いた》し難《がた》し。張氏《ちやうし》有《あ》り書《しよ》を蔵《ざう》すること甚《はなは》だ富《と》む。往《ゆ》きて借《か》りんとするも、与《あた》へられず。帰《かへ》りて諸《これ》を夢《ゆめ》に形《み》る。其《そ》の切《せつ》なること是《か》くのごとし。故《ゆゑ》に覧《み》る所有《ところあ》れば輒《すなは》ち省《つまび》らかに記《き》す。通籍《つうせき》の後《のち》、俸去《ほうさ》りて書来《しよきた》り、落落《らくらく》として大《おほ》いに満《み》つ、素蟫《そたん》灰糸《くわいし》時《とき》に巻軸《くわんぢく》を蒙《おほ》ふ。然《しか》る後《のち》に借《か》る者《もの》の心《こころ》を用《もち》ひること専《もつぱ》らにして、少時《せうじ》の歳月《さいげつ》の惜《を》しむべきと為《な》すを嘆《なげ》くなり。

今黄生貧《いまくわうせいまづ》しきこと予《よ》に類《るい》し、其《そ》の書《しよ》を借《か》るも亦《ま》た予《よ》に類《るい》す。惟《た》だ予《よ》の書《しよ》を公《おほやけ》にすると張氏《ちやうし》の書《しよ》を吝《を》しむと相《あ》ひ類《るい》せざるがごとし。然《しか》らば則《すなは》ち予固《よもと》より不幸《ふかう》にして張《ちやう》に遇《あ》ふか、生固《せいもと》より幸《かう》にして予《よ》に遇《あ》ふか。幸《かう》と不幸《ふかう》とを知《し》れば、則《すなは》ち其《そ》の書《しよ》を読《よ》むや必《かなら》ず専《もつぱ》らにして、其《そ》の書《しよ》を帰《かへ》すや必《かなら》ず速《すみ》やかならんと。

一説《いつせつ》を為《つく》りて、書《しよ》と与《とも》に倶《そな》へしむ。

▲通釈▼

黄允修君が（私のもとに）書物を借りに来た。私随園主人は書物を貸し与えてこう黄生に告げた、

書物は借りて読むのでなければ読むことができないものだ。あなたは蔵書家について聞いたことがないだろうか。七略・四庫は、天子の所有する（膨大な量の）書物である。けれどもその膨大な書物を読む天子がどれほどいるであろうか。運べば牛が汗を流し、部屋をふさぐほどの大量の書物は、富貴な人の家が所有する書物である。けれどもその大量の書物を読む富貴な人がどれほどいるであろうか。それ以外でも祖父と父が積み貯めた書物を、子と孫が（読むことなく）捨てることがあるのは言うまでもない。（しかし、これは）ただ書物だけがそうなのではない。世の中のものは皆そうである。その人自身のものであって強いて借りたものでない場合、きっと誰かが取りにくるのではないかと心配して戦々恐々としてその書物を愛《め》でてやむことなく、こう言うのだ、「今日はあっても、明日はないかもしれない。（いったんなくなったら）私はこの本をもう見ることができないかもしれない」と。もし自分が所有しているならば、必ず高いところに束にして置き、しまいこんで、「ひとまず置いておいていつか見ることにしよう」というわけである。（かように、書物というものは手もとにあって所有していても読まないことが多いものである。）

私は幼いときに書物を好んだが、家が貧しくて手に入れられなかった。張氏という人がいて書物をとても多く所蔵していた。行って借りようとしたが、貸してもらえなかった。帰ってその（借りたかった）書物のことを夢に見た。その（書物をどうしても読みたい）痛切な思いはこれほどであった。だから書物を見る機会があるといつも細かく記憶したものだ。宮中に仕えてからは、俸給のすべてを書物につぎこみ、たくさんの書物で書架がいっぱいになったが、紙を食べる白い虫と蜘蛛《くも》の糸がいつも書物をおおっていた。そうなって初めて（書物を）借りて読む者は気持ちをひたすら集中して読むのであり、（そのようにして読書した）若いときの歳月が大切なものであったのだとため息をつくのである。

今黄君が貧しいことは（かつての）私と同様であり、彼が書物を借りることもまた（かつての）私と同様である。ただ私が書物をひとり占めしないで貸すことと張氏が書物を貸し渋ることとは同じではない。だとすれば、私がもともと不幸にして張氏に出会ったのか、君が幸いにして私に出会ったのか。（この）幸と不幸とを知ったなら、君は必ず集中して書物を読むであろうし、きっと速やかに書物を返してくれるであろう、と。

文章を一つ書いて、書物といっしょに持たせた。

解説

問一　漢字の読みの問題

条件がなければ原則は歴史的仮名づかい

a「強」は、「仮《か》るに非《あら》ざれば」にかかるので、副詞で読む必要があるから、「**しヒテ**」である。

「つとム（マ・下二段）」とも読むので、「つとメテ」と連用形に読むとすれば、通らなくはないが、「しヒテ」のほうが一般的であろう。

aの**正解は、「しひて」**、あるいは「**しいて**」。

仮名づかいの条件が付いていないので、**原則として歴史的仮名づかいとすべきである**が、現代仮名づかいでも許容する。

b「**惟**」は、「**ただ**」。

同訓異字　「ただ」と読む字

唯・惟・徒・直・只・但・特・祇・止

bの**正解は、「ただ」**。

c「**固**」は「**もとヨリ**」。「もともと、もとから、元来」「言うまでもなく、むろん」の意。

cの**正解は、「もとより」**。

同訓異字　「もとヨリ」と読む字

固・素・故・原・旧

解答

a　しひ（い）て　　b　ただ　　c　もとより

問二　傍線部の現代語訳の問題

「いくばくカ…ン」で反語の形！

返り点・送り仮名が付いているから、傍線部1は、「**天子《てんし》の書《しょ》を読《よ》む者《もの》は幾《いくば》か有《あ》らん**」である。

直前部に、「七略《しちりゃく》、四庫《しこ》は、天子《てんし》の書《しょ》なり」とある。「七略《しちりゃく》」「四庫《しこ》」とも、「宮中の書籍目録」という（注）がある。それぞれのものは「目録」であるが、当然、その目録に載っている書籍は実在しているのであり、それは、宮中のものである以上、膨大な量なのであろう。

そんなに膨大な書物があっても、「天子で、その書物を読む者（＝天子）」は、「幾《いくば》か有《あ》らん」と筆者は言っているのである。「天子《てんし》の」の「の」は、同格の「の」。

「**いくばく**」は、「**幾何・幾許**」という形で用いられることが多いが「幾」一字でも「いくばく」。ここは「**いくばくカ…ン**」

となっているから**反語**で、「どれほどであろうか、いや、どれほどもいない」の意となる。

解答例と、採点上のポイント

a、膨大な蔵書を読む天子が……………………3点

b、どれほどいるであろうか。……………………3点

aは、「天子で膨大な書物を読む者は」のように、語順どおりでもよい。「膨大」さが欠けているものは1点減点。bは、「ほとんどないであろう」のように、「いや…ない」側で答えてあってもよい。「…であろうか、いや…」のように、反語の直訳型の訳になっていてもよい。

同字異訓　「幾」の用法

❶ **ちかシ**……（形容詞・ク）近い。（＝**近**）

❷ **こひねがフ**……（ハ・四段）願う。望む。（＝**冀**）

❸ **こひねがハクハ**……**願望形**。（＝**冀・庶・庶幾**）
- ↓ン…………どうか…させて下さい。…したい。
- ↓命令形……どうか…して下さい。

❹ **ほとんド**……ほぼ。だいたい。（＝**殆**）
…しそうになる。

❺ **いくばく**……どれほど…か。どれほどあろうか（いやどれほどでもない）（＝**幾何・幾許**）
疑問・反語どちらにも用いる。

❻ **いく**……「幾日《いくにち》」「幾人《いくにん》」のように、「どれくらい」の意で下の語を修飾する。

解答　膨大な蔵書を読む天子がどれほどいるであろうか（、いや、どれほどもいないであろう）。

問三　傍線部の書き下し文の問題

「独リ…ノミ…ニ非ズ」の累加《るいか》形！

傍線部2には、返り点は付いている。

非二独書為レ然、…

まず、大きなポイントは「**非独**」である。これは、**累加形**で、一般に

非ズ二独リAノミニ一、B

の形になるのが公式であるが、ここは、Aの名詞の下にさらに動詞があるので、やや変則的で、

非ズ二独リAノミB一、スルニC

という形になる。

「為ㇾ然」は、直後に、「天下《てんか》の物皆《ものみな》然り」とあるから、「然《しか》りと為《な》す」で、ここに「二」が付いて「非《あら》ず」へ返る。

正解は、「独り書のみ然りと為すに非ず」である。

「書き下し文にせよ」であるから、**漢字仮名まじりの書き下し文**にするのであって、「すべてひらがなに」するのではない点に注意。

重要句法　累加の公式

a　**限定＋否定の形**

❶ **不二惟《ダニ》（独《リ》）A《ノミナラ》一、B**
読　たダニAノミナラズ、B
訳　ただAなだけでなく、（その上）Bだ

❷ **非二惟《ダニ》（独《リ》）A《ノミニ》一、B**
読　たダニAノミニあらズ、B
訳　ただAなだけでなく、（その上）Bだ

b　**限定＋反語の形**

❶ **豈《ニ》惟《ダニ》（独《リ》）A《ノミナランヤ》、B**
読　あニたダニAノミナランヤ、B
訳　どうしてただAなだけであろうか、（いや、Aなだけでなく、その上）Bだ

❷ **何《ゾ》独《リ》（惟《ダ》）A《ノミナランヤ》、B**
読　なんゾひとリAノミナランヤ、B
訳　どうしてただAなだけであろうか、（いや、Aなだけでなく、その上）Bだ

＊a・bとも、「たダニ」は、「**唯・徒**」なども用いる。

解答　独り書のみ然りと為すに非ず

問四　条件つきの現代語訳の問題

「是クノごとシ」の指示内容を明確に！

設問の条件は「「**是**」が指し示すものを具体的に説明」してということであるが、傍線部3は、「**其《そ》の切《せつ》なること是《か》くのごとし**」で、「**其《そ》の**」の内容も重要である。

「**切《せつ》**」そのものは「切実さ」「痛切さ」。

傍線部3の直前にポイントがある。

筆者は「**幼《をさな》くして書《しよ》を好《この》めども、家貧《いへまづ》しくして致《いた》し難《がた》し**（＝幼いころから書物が好きだったが、家が貧しくて手に入れられなかった）」。あるとき、張氏という人がたいそうな蔵書家である

ことを聞いて、「**往《ゆ》きて借《か》りんとするも、与《あた》へられず**（＝出向いて行って借りようとしたが、貸してもらえなかった）」のである。ということは、「切実さ」とは、それでもどうしても書物を読みたいという思いの「切実さ」であろう。

さらにこう言っている。「**帰《かへ》りて諸《これ》を夢《ゆめ》に形《み》る**」。これが「**是《か》くのごとし**」のさし示すものである。「諸《これ》」は、張氏が貸してくれなかった蔵書である。

解答例と、**採点上のポイント**

a、貸してもらえなかった書物を……………………1点
b、どうしても読みたい気持ちの……………………1点
c、切実さは、……………………1点
d、夢に見るほどであった。……………………3点

---

aは、「書物を」だけでも可とする。「張氏の蔵書を」でもよい。bは、「切実さ」に続ける表現であるから、単に「読みたい」ではなく、「どうしても」「なんとしても」「なんとかして」のような表現がほしいが、下に「切実さ」があれば、そこの表現については不問とする。aから続けて、「（書物）への思いの」のようにあっさり言っていても可。

cは、「切《せつ》」の言いかえ。dは、「夢に出てきた」などでもよい。cの「切実」が、dの中に、「夢に見るほど切実であった」のように入っていてもよい。

解答　貸してもらえなかった書物をどうしても読みたい気持ちの切実さは、夢に見るほどであった。

問五　傍線部の内容説明の問題

「公レ書」と「吝レ書」との対比に着眼！

段落冒頭から見てみる。

「**今《いま》黄生《くわうせい》貧《まづ》しきこと予《よ》に類《るい》し、其《そ》の書《しよ》を借《か》るも亦《ま》た予《よ》に類《るい》す**」。筆者は幼いころから書物が好きだったが、「貧《まづ》」しく、書物は人に「借《か》」りるしかなかった。その点、黄生も同じだ、と言うのである。

しかし、「**予《よ》の書《しよ》を公《おほやけ》にする**」のと、「**張氏《ちやうし》の書《しよ》を吝《を》しむ**」のとは同じでないのである。「**吝書**」には、「本を貸し渋ること」という（**注**）がある。張氏に借りに行ったとき、張氏が貸し渋って貸してくれなかったことは、**問四**で見た。

それに対して、筆者は、黄生が借りに来たときは「**書《しよ》を公《おほやけ》に**」したのであるから、「貸し渋らず、貸してやった」ということである。

あとに、「予《よ》固《もと》より不幸《ふかう》にして張《ちやう》に遇《あ》ふ」とあることからも、筆者は、自分の経験から、蔵書を「吝《を》」しんだりせず、黄生に貸してやったことがわかる。

解答例と、採点上のポイント

a、自分の蔵書を……………………………3点
b、借りたい人がいれば……………………1点
c、貸し渋らずに、誰にでも貸してやること。…………4点

aは、傍線部4の「書《しよ》」であるが、「自分の（蔵書・書物）」の要素が欠けているものは1点減点。bは、傍線部の二文字の内容からすればいらないようなものであるが、「本文の内容に即して」という条件もあるので、a・cの要素だけでなく、「黄生のように借りに来た者には」など何らかの要素を補いたい。

cは、「貸し渋らずに」あるいは「秘匿せずに」「独占せずに」の要素だけでは2点減点とする。「誰にでも貸す」が「公《おほやけ》」である。

解答　自分の蔵書を、借りたい人がいれば貸し渋らずに、誰にでも貸してやること。

問六　傍線部の現代語訳の問題

傍線部の主体を補う！

傍線部5は、「**其《そ》の書《しよ》を読《よ》むや必《かなら》ず専《もつぱ》らにして、其《そ》の書《しよ》を帰《かへ》すや必《かなら》ず速《すみ》やかならん**」である。

本文冒頭から、「黄生《くわうせい》」が筆者のもとに書物を借りに来たことがわかるから、貸し与えた書物について、傍線部のようにする**主体は「黄生」**である。この主体は補いたい。

また、直前に、「幸《かう》と不幸《ふかう》とを知《し》れば、則《すなは》ち」とあるが、これはさらにその前の、筆者が「不幸《ふかう》」にも張氏に書物を貸してもらえなかったこと、黄生が「幸《かう》」にも筆者に書物を貸してもらえることをさすから、言いたいことは、「黄生が、書物を貸してもらえることの『幸』をよくわかっていれば」ということになる。これも補ってもよいが、傍線部そのものではないので、必須ではない。

「**其《そ》の書《しよ》を読《よ》むや**」は、「（私から借りた）書物を読むにあたっては」。

「**必《かなら》ず専《もつぱ》らにして**」の「専ら」については、第三段落中に叙述がある。

筆者は、張氏のように貸してくれない人もいはしたが、だからこそ、「覧《み》る所《ところ》有《あ》れば輒《すなは》ち省《つまび》らかに記《き》す（＝見る機会があればそのたびごとに詳しく記憶した）」のである。それはたいへんな集中力であったであろう。

しかし、宮中に仕えるようになってからは、俸給のすべてを書物につぎこみ、自分の本棚にたくさんの書物が並べられるようになったが、紙魚《しみ》と蜘蛛の巣がおおうように、つまり、読ま

れないままとなってしまった。

そうなってはじめて、書物を借りて読んだときの心の「専《もっぱ》らだったことに思いいたり、そういう若いころの時間が大切だったことを思った、と言うのである。

「専《もっぱ》ら」はそのままでも意味はわかるが、「集中して」「専心して」のように言いかえたい。

後半は、ほぼ読んだとおりである。

解答例と、採点上のポイント

a、君は……………………………………2点
b、私から借りた書物を読むにあたっては……………1点
c、きっと集中して読むであろうし……………2点
d、返すときも……………………………1点
e、きっと速やかに返してくれるであろう。…………2点

aは、「黄生は」「黄君は」などでもよい。

bは、「私から借りた」は、「私が貸した」でもよい。この要素はなくても可。「…にあたっては」は、「…ときは」など、類似の表現でも可。cは、「きっと」は「必ず」でも可。「集中して読む」は、「心を専らにして読む」「心をこめて読む」などでもよい。

dは、「書物を」があってもよいが、なくても可。

eも、「きっと」は「必ず」でもよい。

解答

君は、私から借りた書物を読むにあたっては、きっと集中して読むであろうし、返すときも、きっと速やかに返してくれるであろう。

問七 **理由説明および本文全体の主旨の把握の問題**

本文全体の主旨（趣旨）をとらえる！

第二段落冒頭の二重傍線部「**書《しょ》は借《か》るに非《あら》ずんば読《よ》む能《あた》はざるなり**」そのものは、「書物というものは、借りて読むのでなければ読むことができないものである」という意味である。

なぜ、筆者はそう黄生に言ったのか。

設問に、「本文の内容に即して」という条件があるが、これは、第二段落以降、末尾までの、本文全体の主旨（趣旨）のまとめ問題である。

●第二段落

1、宮中には膨大な蔵書があるが、それを読む天子はどれほどもいない。
2、富貴の家にも多くの蔵書があるが、同様である。
3、個人の家でも、蔵書を顧みない子孫は多い。
4、書物に限らず何でも、自分が所有しているとしまいこんでしまうものである。

●第三段落

5、自分は貧しく、書物は手に入れられなかった。
6、蔵書家の張氏に借りようとしたが貸してくれなかった。
7、それでも書物を読みたい思いの切実さは夢に見るほどであった。
8、借りられた折には詳細に記憶しようとした。
9、収入があるようになってからは、すべてを書物につぎこんで書物を集めたが、積んであるだけになった。
10、借りて集中して読むことの大切さを思い知った。

●第四段落

11、黄君の貧しいこと、書物を借りようとする姿勢は、私の若いころと同じだが、私は黄君に書物を貸してやる。
12、黄君はその幸いを自覚して、専心して書物を読むであろう。

●第五段落

13、黄君にこのことを理解してほしくて記した。

大事なことは、**書物を自分で所有している場合**と、**人に借りて読もうとする場合**の**対比**で、当然、人に借りて読む読書こそが「読書」だと言いたいのである。

右の1・2・3・4・9が前者、5・7・8が後者に相当するので、その対比を中心にまとめる。

解答例と、採点上のポイント

a、書物というものは……………………………2点
b、天子の膨大な蔵書であれ……………………1点
c、富家や個人の蔵書であれ……………………1点
d、所有していると読まれないままになっていることが多い。………………………………………………3点
e、人に借りるしかない者は……………………3点
f、どうしても読みたい思いが切実で…………3点
g、借りられたら時を惜しんで集中して読む。………3点
h、そうした姿勢でこそ本当に書物を読むことができるのだ………………………………………………3点
i、ということを黄生に教えたかったから。……………1点

右のa～iの要素による加点法とする。

解答

書物というものは、天子の膨大な蔵書であれ、富家や個人の蔵書であれ、所有していると読まれないままになっていることが多い。人に借りるしかない者は、どうしても読みたい思いが切実で、借りられたら時を惜しんで集中して読む。そうした姿勢でこそ本当に書物を読むことができるのだということを黄生に教えたかったから。